江苏高校哲学社会科学研究重点项目(2012ZDIXM015)成果
东南大学 985 二期经费资助

建设节约型社会：
内涵、评估与对策

——以江苏为例

岳书敬　著

东 南 大 学 出 版 社
·南京·

图书在版编目(CIP)数据

建设节约型社会：内涵、评估与对策：以江苏为
例/岳书敬著. —南京：东南大学出版社，2016.12
　ISBN 978 - 7 - 5641 - 7014 - 1

　Ⅰ.①建… 　Ⅱ.①岳… 　Ⅲ.①自然资源—资源
利用—研究—中国 　Ⅳ.①F124.5

中国版本图书馆 CIP 数据核字(2017)第 322985 号

建设节约型社会：内涵、评估与对策

出版发行：东南大学出版社
社　　　址：南京市四牌楼 2 号　邮编：210096
出 版 人：江建中
经　　　销：全国各地新华书店
印　　　刷：南京玉河印刷厂
开　　　本：700mm×1000mm　1/16
印　　　张：7.25
字　　　数：150 千字
版　　　次：2016 年 12 月第 1 版
印　　　次：2016 年 12 月第 1 次印刷
书　　　号：ISBN 978 - 7 - 5641 - 7014 - 1
定　　　价：30.00 元

本社图书若有印装质量问题,请直接与营销部联系。电话(传真)：025 - 83791830

前　　言

　　改革开放以来,我国经济持续稳定增长,经济结构不断优化,取得了举世瞩目的"增长奇迹"。但在取得经济社会发展巨大成就的同时,我国也面临着较为严重的资源短缺以及资源低效率利用带来的环境问题,如土壤污染、草场退化、地下水污染、雾霾频现等问题。资源短缺已成为今后我国经济可持续增长的"瓶颈"约束,基于此,我国政府明确提出了加快节约型社会建设的可持续发展战略。

　　建设节约型社会是建设生态文明的重要组成部分,也是我国经济社会发展的一项重大战略任务。从理论上梳理节约型社会的内涵,从实践上评估节约型社会的进程,从政策上探索建设节约型社会的对策,对于进一步推进我国节约型社会建设进程、有效缓解资源短缺与经济增长之间的矛盾、加快生态文明建设和实现"美丽中国"都具有重大现实意义。

　　建设节约型社会是一项系统工程。既需要对资源使用状况进行基础性分析,也需要对资源利用效率进行区域性对比;既需要从产业支撑的角度来建设节约型社会,也需要从技术驱动的视角来推进节约型社会;既需要通过宏观层面的区域和行业数据来认识节约型社会,也需要通过微观层面的公众参与调研数据来剖析节约型社会。

　　基于上述认识,本书首先在分析建设节约型社会内涵的基础上,建立江苏建设节约型社会的评价体系,从区域视角对江苏和其他省份的节约型社会建设进程进行分析;然后,基于经济普查数据,从产业视角对江苏及其所在的长三角地区二分位制造业的能源消耗和水资源消耗进行对比分析;接着,从技术创新的角度,以全国省份为背景,对江苏的低碳创新进行综合分析,给出提升江苏低碳创新能力的相关路径,同时从微观调研的视角,以苏北、苏中、苏南不同城市的公众为调研对象,分析公众参与在江苏建设节约型社会进程中的作用和目前江苏在此方面存在的不足之处;最后,给出建设节约型社会的相关建议。

　　本书由岳书敬撰写,王旭兰、许耀、胡姚雨、杨阳、杨家庆、朱雨婷、杨萌、陆云霄等同学参与了部分助研工作。另外,本书在撰写过程中参考或引用了大量学术界同仁的研究成果，绝大多数都以参考文献的形式注明，如有不慎遗漏，在此一并表示谢意。

本书部分研究内容受到了江苏高校哲学社会科学研究重点项目（2012ZDIXM015）的资助。本书出版得到了东南大学985二期经费的资助。本书的完成和出版要特别感谢东南大学经济管理学院各位领导以及经济学系张宗庆教授、秦双全博士，金陵科技学院顾金亮教授，东南大学出版社工作人员以及我的家人和朋友们，谢谢他们的支持和帮助。

限于时间和水平，书中不妥之处在所难免，希望读者和有关专家批评指正，以便以后改正。

岳书敬

2016 年 5 月于南京

目　　录

第一章 导 论

1.1 建设节约型社会的研究背景

工业文明在带给全世界经济持续增长、物质生产不断扩张、人民生活水平和生活质量不断改善的同时,也带来了资源枯竭和环境污染等一系列全球性问题。

上世纪六七十年代发生的资源、环境危机使得各国政府和公众逐步开始关注资源与环境问题,学者们也开始对资源和环境问题进行了深入的思考与探索。1962年《寂寞的春天》的出版,揭示了工业发展与资源利用之间的冲突,对人与自然之间关系的传统理念进行了重构,促使人们对"征服自然""宣战自然"等理念开始反思。1972年罗马俱乐部发表了《增长的极限》,指出地球生态的有限性导致经济增长存在着极限。Meadows等人发现,人口、经济是按照指数方式发展的,属于无限制的系统;而人口、经济所依赖的资源和环境却是按照算术方式发展的,属于有限制的系统。于是,人口爆炸、经济失控必然会引发和加剧粮食短缺、资源枯竭和环境污染等问题。此后,联合国世界环境与发展委员会于1987年4月正式出版了《我们共同的未来》,报告重点集中于人口、资源、能源、工业等方面,开创性地提出了"可持续发展"的理念,指出"可持续发展是既满足当代人的需要,又不对后代人满足其需要能力构成危害的发展"。各界开始逐步认识到,"先污染、后治理"的发展模式虽然可以短时间内快速实现规模的扩张,但并不是长久之策,应该本着节约资源、保护环境的原则,寻找可持续的发展道路。1992年发表的《里约环境与发展宣言》认为自然系统具有完整性和相互依存性,应在国家之间、政府重要部门之间和公众之间形成合作来建立新的全球合作关系。报告提出了可持续发展的多项原则,形成了可持续发展的全球共识。2012年联合国可持续发展委员会在里约峰会提出了绿色经济理念,诠释了资源、环境保护与经济增长协同发展的可能性,绿色发展已经成为"后危机"时代全球发展的选择共识。

改革开放以来,中国经济实现了持续的快速增长,取得了"增长的奇迹"。但在经济增长的同时,人口众多、人均资源匮乏、资源使用效率不高等问题已经成为制约经济增长和社会发展的重要瓶颈之一。虽然我国总体的矿产、森林、淡水、能源等资源拥有量较大,但人均意义上的资源拥有量却相对较小,远低于世界平均值。例如2014年我国人均耕地面积为1.48亩,不到世界平均水平的一半;森林资源人均占有量为 0.15 公顷，而世界人均森林占有量为 0.55 公顷，中国的数值仅为世界的 27.3%；在重要矿产资源的人均拥有量方面，我国人均煤炭储量为 175.45 吨，人均天然气的储量为 3 615.37 立方米/人，而世界人均煤炭储量为 122.79 吨/人，人均天然气储量为 25 754.81 立方米/人，我国人均煤炭储量稍高于世界平均水平，但天然气的储量远低于世界平均水平。

同时，在我国生产、建设、流通、消费等各个领域和许多环节还存在着大量浪费现象，资源利用效率很低。据统计，我国工业用水重复利用率为 55%，矿产资源总回收率是 30%，能源利用效率是 33%，分别比国际平均水平低 25%、20% 和 10%。长此下去，伴随经济继续增长和人均生活水平不断改善，资源需求的扩大与有限的资源存量之间的矛盾会越来越尖锐，最终将导致我国经济发展的难以为继。

基于上述背景，我国政府先后提出了一系列解决资源、环境问题的战略思想，做出了相关部署。在国家的"九五"规划中，提出了可持续发展战略，给出了可持续发展各领域的阶段性目标；在国家的"十五"规划中，指出了减少主要污染物排放总量的思路；党的"十六大"提出了兼顾科技含量、经济效益、资源消耗和环境污染的新型工业化道路；党的十六届三中全会提出了坚持以人为本，树立全面、协调、可持续的发展观，并将统筹人与自然和谐发展作为"五个统筹"之一；党的十六届五中全会把节约资源作为基本国策，提出了加快建设资源节约型、环境友好型社会；在国家的"十一五"规划中，提出了节能减排的约束性指标，明确了单位 GDP能耗比"十五"期末降低 20%，主要污染物排放总量减少 10%，生态环境恶化趋势基本遏制的目标；党的"十七大"指出，要建设生态文明，基本形成节约资源和保护生态环境的产业结构、增长方式和消费模式；党的"十八大"提出了涵盖生态文明的"五位一体"的总体布局，大力推进生态文明建设，努力建设美丽中国，实现中华民族的永续发展；党的十八届三中全会提出了加快建立系统完整的生态文明的制度体系。

江苏经济总量长期占据全国三甲，经济发展成果举世瞩目；科教资源丰富，区域创新能力位居全国前列；对外开放能力强，国际经济交流合作不断深入；发达的基础设施网络已形成，高速公路、城际高铁、国内外航空等立体交通网较为成熟。

虽然"九五"以来，江苏已开始全面实施可持续发展战略，积极调整产业结构，着力转变经济增长方式，加强环境保护力度，提升资源节约力度，但作为经济发展的"排头兵"，江苏也比其他中、西部省份更早面临人多地少、人均资源短缺、污染严重、环境承载力薄弱、资源利用效率不高等问题。随着江苏经济的继续快速增长，以及工业化和城市化的加速推进，资源消耗和经济增长的矛盾将会更加突出，压力也将日益加大。

基于上述背景，2006 年江苏省委、省政府发布《关于加快建设节约型社会的意见》，指出转变经济增长方式、推进科技创新、发展循环经济、开展资源综合利用、推进原材料节约、推进节约用水、推进节约用地、推进能源节约等八大举措来提高资源利用效率,以实现经济社会全面协调可持续发展。2007 年 5 月,针对江苏水资源时空分布不均,水资源使用效率较低,水污染尚未得到有效控制的局面,江苏省政府办公厅发布了《关于加快节水型社会建设的意见》,提出开展节水型社会建设试点、加强节水型社会载体建设、加快工业节水技术改造、发展农业节水灌溉等专项任务。2008 年 7 月,江苏省委、省政府发布了《进一步加强节能减排促进可持续发展的意见》,着力优化经济结构和大力发展现代服务业,着力优化工业结构和大力发展先进制造业,着力优化能源结构和积极开发清洁可再生能源。2011 年江苏"十二五"规划中,明确提出了绿色引领、提升可持续发展能力的理念,指出坚持开发和节约并举、节约优先的方针,大力推进资源节约,积极发展循环经济和清洁生产,不断提高资源利用效率,努力应对气候变化,加快建设资源节约型社会。党的十八大以来,江苏省委、省政府就生态文明建设做出了一系列决策部署。2013年出台了《关于深入推进生态文明建设工程率先建成全国生态文明建设示范区的意见》,指出一切发展建设都要以不损害生态环境为底线,必须把节约优先、保护优先、自然恢复为主作为根本方针。2013 年 7 月率先颁布《江苏省生态文明建设规划》,将生态文明作为"两个率先"的重要标杆,以绿色、循环、低碳发展为途径,以转变发展方式、改善环境治理、创新体制机制为重点,大力实施生态文明建设工程,加快建设资源节约型、环境友好型社会,推动江苏生态文明建设继续走在全国前列。2015 年发布《江苏省委省政府关于加快推进生态文明建设的实施意见》,指出了资源限总量、排放限额度、质量保底线等工作方针,探索了落实自然资源资产产权制度和用途管理制度。

目前,江苏已经进入产业结构升级和经济转型发展的关键时期,加快建设节约型社会,是贯彻科学发展观、保持经济又快又好发展的必然要求,是落实资源节约基本国策的根本途径,是缓解资源供需矛盾的现实出路,也是顺利实现"两个率先"的重要保障。对江苏节约型社会内涵的研究,有助于从全局和战略的高度全面认识建设节约型社会的着力点;对江苏建设节约型社会的评估分析,有助于深入发现建设节约型社会进程中取得的成就和存在的问题,有助于江苏通过扬长避短进一步深化节约型社会建设;对江苏建设节约型社会相关对策的探讨,有助于实现江苏经济、社会的全面协调与可持续发展,同时也为中国其他省份的节约型社会建设提供经验借鉴。

1.2 建设节约型社会的研究意义

加快建设节约型社会,是促进我国经济可持续发展的必然要求。我国是世界上最大的发展中国家,目前正处于工业化和城市化加快发展的阶段,这决定了我国未来经济增长对资源和环境的需求压力将会更大。一方面,我们不能因为资源、环境问题而使得经济增长停滞，另一方面也不能因为经济增长而一再突破资源和环境的承载力。建设节约型社会是有效缓解经济增长与资源压力二者之间矛盾，实现可持续发展的重要途径。节约型社会是资源有效配置、高效利用、经济社会可持续发展的社会。节约型社会是人与自然和谐相处、体现人类现代发展理念的社会。建设节约型社会的目标与内涵与可持续发展是一致的。

加快建设节约型社会，是破解资源瓶颈的关键举措。人口多、人均资源少、后备资源不足是我国的资源现状。随着我国工业化和城市化进程的推进，居民消费结构的不断升级，资源短缺问题将会更加严重，资源供给不足已经成为经济社会发展和实现全面建设小康社会目标的重要制约因素。江苏位于东部沿海地区，虽然部分非金属矿产较为丰富，但不少重要的工业原料矿产，已远远不能满足国民经济发展的需要。铁、铜、铅等金属矿产；煤、石油、天然气等能源矿产；硫、磷、钾等非金属矿产都不同程度的存在矿产资源总量不足、矿床规模偏小、矿石品位不高的状况。在今后 10－20 年里，江苏省内的铁、铜、煤、石油、天然气、磷等资源，有的将耗尽，有的资源保证程度将大大降低。因此建设节约型社会，合理开发、综合利用和保护矿产资源，是破解我国和江苏资源瓶颈的关键举措。

加快建设节约型社会，是减弱环境污染的重要途径。当前，环境污染已开始影响公众的日常生活和身体健康，保护环境刻不容缓。粗放式经济增长方式是破坏环境、降低其承载力的主要"罪魁祸首"，而粗放的资源开采模式、低效的资源使用效率、缺乏资源回收机制等更是加剧了环境的污染程度。江苏由于工业发达而且分布较为集中，二氧化硫排放大大超过环境自净能力，省内已有约一半的面积遭受酸雨侵蚀。此外，水体污染物的排放量已开始超过水体的承载能力，省内河流流域存在不同程度的污染。比较严重的环境污染造成了高昂的经济成本和环境成本，对公众健康产生一定的损害。建设节约型社会的重要内涵就是提高资源利用效率，而资源效率的提高，必然会减少资源生产和使用过程中产生的大量、不可逆的环境污染，从而减少整个社会的污染排放，使经济发展和环境保护不再处于对立面。因此建设节约型社会对于减弱环境污染是有帮助的。

加快建设节约型社会，是把握国际竞争主动权的战略选择。在全球一体化、各国之间经济和文化等方面交流更加频繁的当下，资源与环境问题已不单是一个国家面临的困境，而是全球性的研究课题。同时，资源与环境问题也已突破资源与环境自身，逐渐与国家的政治、文化、经济、主权等非资源、环境领域的问题密切联系起来。国家之间、地区之间、城市之间的竞争已经从以往的经济竞争、科技竞争、人才竞争扩展到了资源、环境领域的竞争。谁能够占据资源高效利用、经济绿色发展的制高点，谁将占据 21 世纪的发展先机。

江苏建设节约型社会的相关经验和认识，可以为国内其他省份提供借鉴。江苏经济发展处于全国前列，人均资源水平也低于全国平均水平。相比其他省份，江苏更早地面临产业转型、环境污染、资源短缺等问题。江苏经济发展所面临的这些问题,其他省份今后也极有可能会出现。因此,以江苏为例进行节约型社会发展能力的综合评价与深入分析具有较强的典型性和前瞻性,不仅能够有效推进江苏节约型社会建设,也能为我国其他地区的节约型社会建设起到重要的借鉴作用。

1.3 整体思路和框架结构

全书的整体思路如下:首先,根据国内外已有文献和相关理论研究,结合经济发展特征和基本实现现代化的战略目标,分析建设节约型社会的内涵。其次,构建建设节约型社会的评价体系,并以江苏为研究对象,从区域分析的视角对江苏和其他省份、以及江苏 13 个地级市的节约型社会建设状况进行分析,评价江苏建设节约型社会的优势和不足以及省内的差距。然后,基于经济普查数据,以江苏所在的长江三角洲为研究背景,对二分位制造业的能源消耗和水资源消耗进行分析,查找到考虑关联效应后的真正高能耗、高水耗的具体产业,这些产业将是江苏建设节约型社会要重点关注的行业。接着,从技术创新的角度,以全国省份为背景,对江苏的低碳创新进行综合分析,给出提升江苏低碳创新能力的相关路径。此外,本书还从微观调研的视角,以苏北、苏中、苏南不同城市的公众为调研对象,分析公众参与在江苏建设节约型社会进程中的作用和需要进一步提升的地方。最后,根据以上研究结论给出江苏建设节约型社会的思路、目标、原则和政策建议。

全书具体结构安排如下:

第一章、导论。阐述建设节约型社会的研究背景和研究意义,并列出全文的整体研究框架等。

第二章、节约型社会内涵的分析。梳理"节约型社会"这一研究主题所涉及的相关理论,提出节约型社会的内涵。

第三章、江苏建设节约型社会的基础条件分析。分析江苏经济基础概况、自然资源状况、社会发展条件、科技创新能力及经济发展面临的问题,对江苏建设节约型社会的整体状况作出基础性评价。

第四章、基于省际视角的江苏建设节约型社会评价分析。在构建建设节约型社会评价指标体系的基础上,以东部省份为参照系,分析江苏建设节约型社会拥有的优势和存在的不足。

第五章、基于省内视角的江苏建设节约型社会评价分析。在构建建设节约型社会评价指标体系的基础上,以江苏 13 个地级市为研究对象,分析江苏 13 个地级市建设节约型社会拥有的优势和存在的不足。

第六章、基于行业视角的江苏建设节约型社会的能源消耗分析。基于经济普查数据,以长江三角洲地区为研究背景,使用投入产出方法,对江苏二分位制造业的能源消耗进行分析。

第七章、基于行业视角的江苏建设节约型社会的水资源消耗分析。基于经济普查数据,以长江三角洲地区为研究背景,使用投入产出方法,对江苏二分位制造业的水资源消耗进行分析。

第八章、基于技术视角的江苏建设节约型社会的技术创新分析。构建低碳技术创新模型,分析江苏建设节约型社会进程中低碳技术创新拥有的优势和存在的不足。

第九章、基于公众参与视角的江苏建设节约型社会分析。分别以苏北、苏中、苏南三个地区的部分城市为调研对象,分析公众参与对江苏建设节约型社会的影响,以及公众参与建设节约型社会目前存在的瓶颈和障碍。

第十章、主要结论与政策建议。根据以上研究结论给出江苏建设节约型社会的思路、目标、原则和政策建议。

全书的基本框架如下(图1-1):

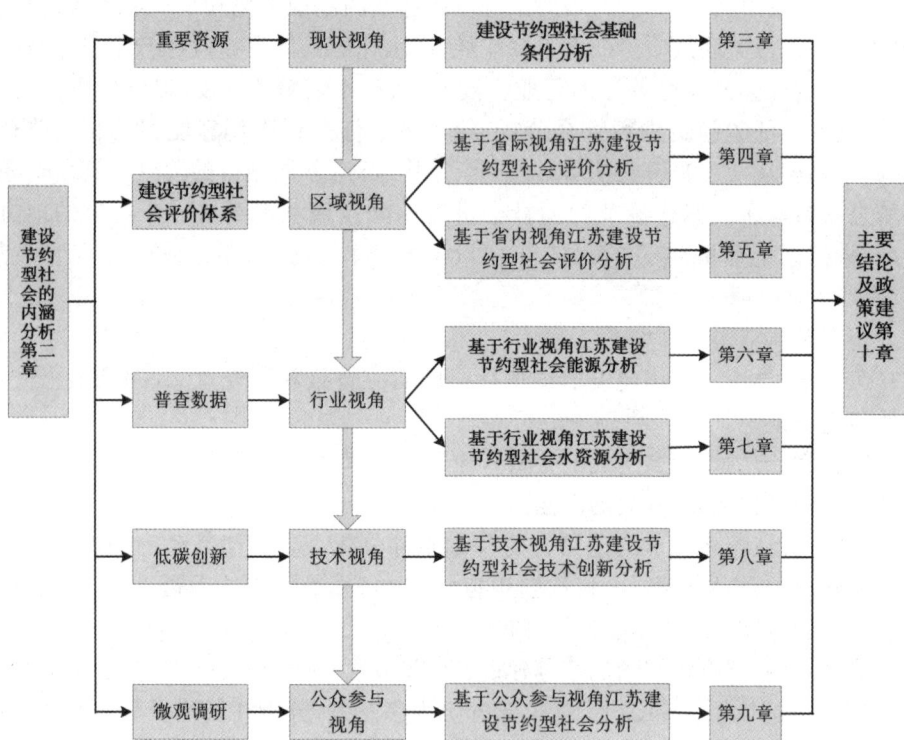

图1-1 研究框架图

第二章 建设节约型社会的内涵分析

2.1 建设节约型社会的理论分析

2.1.1 "节约"的内涵

《辞海》中对"节约"的定义是：节省、节俭、减少不必要的消耗。在建设节约型社会中"节约"有着更为丰富的含义，主要可以从经济学层面、社会学层面和伦理道德层面展开。

从经济学的层面来看，节约就是用最少的资源消耗来满足经济的发展，主要表现为减少生产成本和交易成本，从而形成投入低、产出高、排放少的发展模式（郭凯锋和张艳霞，2006）。

从社会学层面来看，就是要实现人与自然的和谐相处，人和自然应当是一个完整、和谐的整体，并且相互依存（金丹元，1999）。

从伦理道德层面来看，就是要养成节俭的生活方式，避免因一味追求物质享受，导致精神世界的扭曲，从而忽略伦理道德的约束，产生道德危机（陈湘舸和解仁美，2006）。

2.1.2 建设节约型社会的理论基础

（1）马克思主义的节约观

马克思主义节约思想涉及了多个领域，主要可以概括为两个方面：劳动时间的节约和劳动资料的节约。

劳动时间的节约是节约的重要方面之一。马克思曾指出"真正的经济节约在于节约劳动时间"。如果能够节约劳动时间，一方面可以使人们有更多的属于自己的时间，实现更多的自我效用，另一方面也代表着技术水平的提高以及劳动生产率的提高，可以为社会创造更多的物质财富。

在生产过程中，除了人类的劳动之外，劳动资料是很重要的生产工具，是生产得以发生的基础条件。但是，很多劳动资料往往都是有限的，不可再生，因此节约劳动资料，使得一定数量的劳动资料能生产出最大的产值就显得尤为重要。于是，劳动资料的节约对于社会的可持续发展有着重要的意义。

从上面的内容可以看到，不管是劳动时间还是劳动资料的节约，归根结底都是希望提高社会生产力，这也符合马克思主义所认为的节约的实质。马克思主义认为节约的实质是发展生产力，提高生产率，"真正的财富在于用尽量少的价值创造出尽量多的使用价值，换句话说就是在尽量少的时间里创造出尽量丰富的物质财富"。

（2）中国传统的节约思想

中华民族自古以来就有着勤俭节约的传统美德，也是各大思想学派共同的主张。孔子提出的五大德目分别为"温、良、恭、俭、让"，主张节俭；老子提出的人生三宝："一曰慈，二曰俭，三曰不敢为天下先"，节俭是其中重要的一部分；墨子则提出了"俭节则昌，淫佚则亡"。

节约对于古代社会的发展也起到了重要的作用。首先，如果统治者能够崇俭黜奢，可以节省国库的开支并减少对百姓的赋税，安抚民心，增强社会的凝聚力，从而实现国家富强；其次，节俭也有利于社会生产的发展，老百姓可以用节约的生产资料用于再生产，进而带来生产的扩大，推动社会的发展。

（3）科学发展观

以胡锦涛同志为总书记的党中央在党的十六届三中全会上通过了《中共中央关于完善社会主义市场经济体制若干问题的决定》，正式公开完整地提出了科学发展观的概念，指出要"坚持以人为本，树立全面协调可持续的发展观，促进经济社会和人的全面发展"。科学发展观是继承并发展马克思主义唯物主义和历史唯物主义，结合我国国情所提出的指导思想。

科学发展观为建设节约型社会提供了指导原则。我国传统的粗放型发展模式虽然带来了经济的飞速发展，但也付出了沉重的代价，资源的大量消耗，生态环境的严重破坏，这些并不是一条科学的发展之路。因此，我国需要坚持科学发展观，走经济效益好、资源消耗低、污染排放少的发展道路，实现经济、生态的全面发展。

科学发展观要求"以人为本"，在发展的过程中，不能只是追求经济的增长，更要关注人民群众的利益，因为人民群众是整个社会的基石，也是社会发展的推动力。而且，人民群众更是建设节约型社会的主体，若是人民群众养成节约的习惯，就能从根本上达成建设节约型社会的目标，因此要充分调动人民的积极性和主动性，共同为建设节约型社会出力。

科学发展观所要求的人和自然的全面协调发展，是建设节约型社会的重要内容。人类对于自然资源不能肆意掠夺，要节约，要减少对大自然的破坏，从而促进人与自然的和谐相处。

（4）可持续发展理论

面对日益增加的人口和资源压力，可持续发展理论逐步被各界所接受。要求"在满足当代人发展需求的同时，不对后代人满足其自身需求的能力构成危害"，要求经济、社会的发展和环境的保护相协调。

在可持续发展研究领域，Carl Mitcham(1995)对可持续发展概念的起源及矛盾进行研究，发现可持续发展概念主要源于 1980 年《世界保护战略》以及 1987 年《我们共同的未来》这两份国际纲领性文件，这两份文件发起了从"限制增长"到"可持续发展"的理念转变。1980 年国际自然及自然资源保护联盟出版的《世界保护战略》提出："发展的可持续性必须考虑社会、生态以及经济因素，考虑生物以及非生物资源基础，考虑可选择措施的长期以及短期的优缺点。"1987 年以布伦特兰夫人为首的世界环境与发展委员会在《我们共同的未来》中第一次正式提出可持续发展的概念和模式，即：既满足当代人需要，又不对后代人满足其需要能力构成危害的发展。这一提法得到国际社会的广泛共识。随后，1992 年联合国环境与发展大会的《里约宣言》和《21 世纪议程》第一次把可持续发展由理论推向了行动，可持续发展理论在国际社会上得到了空前认可。

随着经济的发展与环境的不断变化，可持续发展被赋予了更多的内涵，不断得到完善与发展。2011 年，德国环境部提出了"现代可持续发展"概念，寻找一个能够让全球从工业时代步入可持续发展时代，兼具现代性、成长性和可持续性，保存人类发展基础的增长途径。Holger Schlör(2012)从能源系统的视角入手，认为引入新的能源系统将不断完善可持续发展的动因，可持续发展未来的概念设计将取决于新化石能源系统的具体危机性质。Michael Ashby(2016)根据英国学者约翰·埃尔金顿 1994 年提出的三重底线(TBL)理念，从经济、环境和社会这三个维度整体衡量可持续发展，寻求并优化这三个维度之间的平衡。

可持续发展理论和建设节约型社会有着密切的关系。一方面，可持续发展理论是建设节约型社会的理论基础，可持续发展强调"人口、资源、环境和发展"四者之间的协调关系(牛文元,2012)，并坚持持续性和共同性原则。坚持可持续发展是我国的重要发展战略，不管是可持续发展的概念、内容、原则，还是其具体的发展方式都能为建设节约型社会提供理论指导。

另一方面，可持续发展的实质就是建设节约型社会(徐志军,2005)。我国从实施改革开放战略以来，经济实现了飞速的发展，但是土地荒漠化、大气污染、水土流失等环境问题层出不穷。另外，耕地面积的减少、能源储备的降低也使得我国资源问题十分严峻。这主要是因为我国单位能耗高，资源利用率低以及我国的粗放式发展方式。而建设节约型社会是解决上述问题的有效途径。为了实现持久、连续的发展，必须推动耕地、能源等资源的节约利用，并加强技术进步，提高资源使用的质量。因此，建设节约型社会是实现可持续发展的必经之路。

(5) 循环经济理论

我国虽然资源储量丰富，但面对庞大的人口和资源消耗的大量浪费，仍然面临资源日益枯竭的危机。同时，大量的废弃物也对环境造成了较大的压力，但很多废弃物是可以再被开发利用的。因此，我国需要把传统的依赖资源消耗的线性增长模式转变为依靠生态性资源再利用的循环增长模式（王亚飞，2006）。

在循环经济领域，英国环境经济学家 Pearce 和 Turner（1990）最早提出"循环经济"概念。他们指出，在自然资源与环境经济学中，传统的开放式经济发展没有回收利用的内置倾向，这导致人们把环境当做垃圾储藏库。鲍尔丁呼吁，应当将地球作为一个封闭的经济体系来考虑，循环系统是维护地球上人类生活可持续性的一个先决条件（鲍尔丁，1966）。

之后，学者对循环经济是一个封闭系统达成了共识，并以此为基础进行研究。H. Winkler（2011）从企业生产层面描述循环经济，认为循环经济相当于一个闭环生产系统，可以避免废物、能源消耗、运输过程以及包装对环境产生的负面作用，提高可持续性，并最终导致经济和环境效益的改善。Biwei Su（2013）通过对德国1996 年《封闭的物质循环和废物管理法案》以及 2002 年日本建立循环型社会法律框架的分析，指出这两个国家的循环经济政策通过有效的废物管理以节约资源，防止环境进一步恶化。

此外，有国外学者从模型层面对循环经济概念进行完善。Donald A. R. George（2015）提出了一个使循环经济概念更加具体化的理论模型，该理论模型有两种经济资源：污染输入和可回收输入，为实现可持续发展提供了一个新的视角。Sébastien Sauvé（2016）提出循环经济是一个生产和消费的模型，从根本上区别于占社会主导地位的"线性经济"模式。"线性经济"以单一的线性过程为基础，从提取、生产、消费到废弃，很少注意到这些环节中产生的污染。"循环经济"目的是减少资源消耗，一是通过再利用和回收来提供原材料替代品的循环系统，可以减少人们对原始资源的依赖，提高人们的自给能力。

循环经济的发展追求的是资源的循环利用和高效利用，希望形成"资源—生产—消费—资源（再生）"的经济增长模式，以此来节约资源的消耗。虽然很多资源是不可再生的，但是可以通过循环利用来最大化资源的使用价值，为社会创造更大的经济价值。

节约型社会虽然强调的是资源的节约，但其和循环经济在出发点、目的、发展原则和倡导的生活方式等方面都有着相似之处，循环经济是促进节约型社会构建的重要发展战略。不管是循环经济还是节约型社会都是针对目前日益加剧的资源、环境和生态问题而提出的，两者有着共同的出发点，并且都是希望能够实现经济和生态的共同发展，促进人与自然的和谐相处。循环经济所坚持的"3R"原则指的是"减量化、再利用和资源化"，其中减量化强调的是节约资源消耗，这与建设节约型社会所倡导的节约原则是一致的。另外，循环经济和节约型社会都提倡人民群众形成绿色消费、节约消费的生活方式，比如在生活中进行垃圾的分类回收，减少一次性产品的使用，杜绝过度包装和其他的节约行为。

总的来说，循环经济的发展和节约型社会的建设是相互依存的，对资源的循环利用，能节约大量的资源消耗，从而推动节约型社会的建设。

2.2　建设节约型社会的内涵分析

2.2.1　学界关于建设节约型社会的内涵研究

"建设节约型社会"是一个具有中国特色、符合中国国情的概念,因此国外关于建设节约型社会的提法并不多见,国外学者对于节约型社会的研究主要蕴含在可持续发展和循环经济两大研究领域中,而有关可持续发展理论和循环经济理论与建设节约型社会的关系,在前文已经有所总结,这里不再赘述,而是将重点放在国内学者对建设节约型社会内涵分析的相关文献上。

自"建设节约型社会"提出以来,国内学者对其内涵研究主要集中在两个方面:一是对节约内容的研究;二是对节约范围的研究。

在建设节约型社会的节约内容方面,围绕党中央领导人的讲话、国务院及其部委的文件,学者们认为节约型社会的节约内容以资源节约为主。2004 年胡锦涛总书记和温家宝总理在工作会议中均曾提出建设节约型社会的要求。2005 年中国共产党的十六届五中全会明确提出,"要加快建设资源节约型、环境友好型社会,大力发展循环经济","在全社会形成资源节约的增长方式和健康文明的消费模式"。

针对资源节约的内涵,学者们运用不同方法对其进行阐述。节约物质资源是建设节约型社会的实质和基础。为了能够清晰地反映资源的利用方式以及产出水平的差异,陈德敏(2005)将资源分成自然资源、人工物质资源和废弃物资源即可再生资源三大类,并认为资源节约就是人类在物质生产和生活活动中保护自然资源、合理开发利用物质资源、循环再生利用废弃物资源的过程。李岩(2007)运用动态分析和静态分析将资源节约分为两层含义:第一层含义是相对于浪费而言,资源节约表现为低消耗、低环境污染和循环利用,强调资源消耗总量低;第二层含义是在经济运行中对资源需求实行减量化,强调资源的使用效率。

2006 年中国可持续发展战略报告指出,"节约型社会是通过资源的合理配置、高效和循环利用、有效保护与替代等方法,使经济社会发展与资源承载力相适应,塑造可持续发展和人与自然和谐的社会"。肖思思(2008)认为节约型社会的构建以可持续发展理论为基础,以切实保护和合理利用各种资源为核心,以人类社会的可持续健康发展为目标。

针对建设节约型社会的节约内容,也有学者持不同观点。张海鹏、逄锦聚(2007)根据马克思的节约理论"一切节约都是时间的节约,是劳动时间的节约,而这种节约就等于发展生产力"中总结出节约的两个方面:一是不变资本或生产资料的节约;二是劳动时间的节约。

在建设节约型社会的节约范围方面,学者们主要围绕社会生产过程的四大环节（即物质资料的生产、分配、交换、消费）进行讨论，观点不一。

有学者认为节约型社会应该强调其中某一环节的节约，主要是生产和消费两大环节。一种观点强调生产型节约，认为生产环节中浪费严重，应该作为节约的重点。著名经济学家梁小民认为，生产过程中资源利用率低下以及资源配置的失误导致了浪费，节约型经济的实质是生产的节约（梁小民，2005）。另一种观点强调消费型节约，主张构建节约型的消费模式，提倡合理且适度的消费（熊韵波，2008）。龙敏（2005）指出，奢侈消费、攀比消费等不健康的消费方式造成了大量资源浪费，加剧环境污染，与建设节约型社会相悖。国家发展和改革委员会主任马凯（2005）提出建设节约型社会，根本上要着力构建节约型的增长方式以及消费模式，要在全社会形成崇尚节俭的风气，用节约资源的消费理念引导人们形成文明节约的消费模式。

有学者则认为节约是整个生产过程的节约，不应局限于某一环节。王凤、雷小毓（2006）认为节约型社会是包括生产、交换、分配、消费在内的社会再生产全过程的节约，通过综合采取措施，提高全要素资源的综合利用效率，以最少的资源消耗获得最大的经济利益，达到人与自然和谐共赢的经济形态。朱珊珊（2007）认为节约型社会是全部再生产过程的节约，而不是特指某一环节的节约。孙一平、包治国（2014）提出倡导公众适度消费、绿色消费，刺激生产领域清洁技术与工艺的研发和应用，形成绿色消费和绿色生产之间的良性互动，有助于构建节约型社会。此外，付瑶、田克勤（2015）在对中国建设节约型社会进行研究述评时发现，对于建设节约型社会的内涵，有学者提出要同时重视生产节约和消费节约，还有学者认为建设节约型社会是包括生产、流通、消费三个环节的节约。

2.2.2 建设节约型社会的内涵界定

纵观国内外学者对建设节约型社会内涵的研究，各种理论虽然切入点、分析方法各不相同，但我们依然可以总结出建设节约型社会内涵主要体现在以下六个方面：第一，建设节约型社会要提高资源利用效率，最大限度地节约资源；第二，建设节约型社会需要尽可能地减少对环境的扰动；第三，建设节约型社会要争取经济效益、社会效益、绿色效益的共赢；第四，建设节约型社会的重要抓手是产业的节约，建设节约型社会最终要落实到产业上；第五，建设节约型社会要以科技进步为支撑，最终实现资源、环境、经济、社会的协调发展；第六，建设节约型社会离不开公众的支持与积极参与。

第三章 江苏建设节约型
社会的基础条件分析

第二章让我们对建设节约型社会的内涵有了一定的了解,并为全书奠定了理论基础。根据前文的论述可知,节约型社会的建设是一项系统工程,涉及方方面面,因此对节约型社会发展的基本状况有一个了解就显得很必要。本章主要从宏观和整体的角度,对江苏的经济基础概况、自然资源状况、社会发展条件、科技创新能力进行分析,了解江苏在建设节约型社会的过程中已经具备了哪些基础条件和优势,面临的问题又有哪些,从而为后面章节的实证分析提供基础。

3.1 江苏经济基础概况

江苏经济整体呈现波动增长的趋势。在改革开放政策的引领下,江苏在2000年之前全方位高速发展,但在"六五"和"七五"期间,江苏出现了两次经济过热的现象,全省在1988年连续发生三次大规模的抢购风潮,经济秩序特别是流通领域秩序出现了混乱。之后江苏经济增长方式逐渐向改革、开放的市场经济转变,经济发展也走向了新的阶段。2000年之后,江苏经济没有再出现"过热"和"失控"的现象,在"十五"计划的最后一年,江苏人均GDP达到了3 148美元,这意味着单从人均GDP来看,江苏总体上已经进入了工业化发展的中期阶段。这个阶段是产业结构快速变化的重要时期,是江苏经济由大变强、保持长期平稳较快增长的关键时期,同时也是转变发展方式、实现科学发展的关键阶段。江苏在需求结构、产业结构、要素结构、城乡结构、国民收入分配和区域结构等领域,都加大了调整力度,取得了突破性的进展。

与此同时,江苏的资源环境约束和成本上升等问题不断涌现,尤其是在2008年以后,国内、外经济环境更为严峻复杂,不确定性、不稳定性因素上升,经济社会发展面临新的挑战。突出表现为三个"压力加大":国际金融危机、欧洲债务危机"叠加冲击",世界经济下行风险压力加大;国家宏观调控政策面临更多"两难选择",保持经济平稳较快增长的压力加大;江苏面临加快经济转型升级和保持经济平稳较快增长的"双重任务",在转型中促发展的压力加大。

面对经济发展过程中日益增加的压力,资源的节约是解决这些问题的重要途径之一。因此，江苏不断强调资源节约，提倡创新驱动，突出统筹协调，重视民生幸福，并在稳定增长中加快转型，在转型升级中促进发展，促使经济增长进入创新驱动、内生增长的轨道。

3.2 江苏自然资源状况

江苏地处美丽富饶的长江三角洲，平原辽阔，自然条件优越。下文主要从土地资源、水资源、矿产资源和能源资源这四个方面，概述江苏的自然资源状况。

3.2.1 土地资源

江苏全省面积 10.26 万平方米，2013 年末常住人口数为 7 939.49 万人，属于人口稠密、地域狭小的省份。土地资源匮乏，全省容易利用的土地已基本开发完毕，后备土地资源不多，而且开发利用的难度大。加上目前正处在工业化、城市化的加速期，处在需要大量消耗资源的重化工业发展阶段和基础设施建设高峰期，土地资源供给稀缺性和需求增长性之间的矛盾日趋紧张，已成为经济社会发展的硬约束，态势极为严峻。

从耕地面积来看，到 2013 年末，全省耕地面积为 6 872.4 万亩，占全国总耕地面积的 3.39%，江苏人均耕地占有量仅 0.87 亩，不到全国人均耕地平均占有量 1.49 亩的 60%。由此可见江苏土地资源匮乏，低于全国的平均水平。具体的数据如图 3-1 所示。

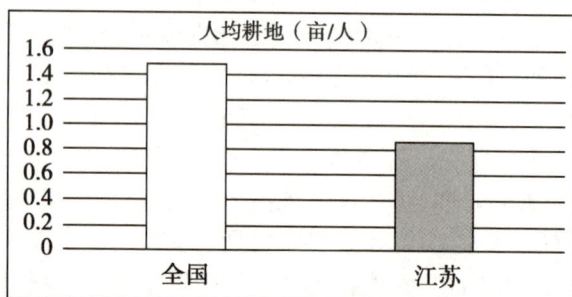

图 3-1　人均耕地占有量(亩)

3.2.2 水资源

江苏境内河川交错，水网密布，长江横穿东西 425 多公里，大运河纵贯南北 718 公里，西南部有秦淮河，北部有苏北灌溉总渠、新沭河、同扬运河等。省内有大小湖泊 290 多个，在全国五大淡水湖中，江苏就占据了太湖和洪泽湖两个淡水湖。

　　江苏的地理位置和水系特点带来了丰富的水资源,2014 年末江苏水资源总量达 399.3 亿立方米,其中地表水资源为 296.4 亿立方米。但由于人口众多,江苏的人均水资源占有量并不高,仅为 502.3 立方米/人,和全国人均水资源拥有量 1 998.6 立方米/人比起来,相差甚远,如图 3 - 2 所示。与此同时,随着经济的发展,工业和生活废水的随意排放使得水质问题开始浮现,太湖蓝藻、长江水污染等事件都为江苏的水环境敲响了警钟。

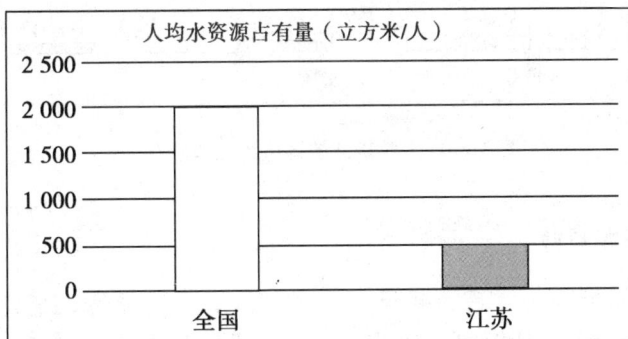

图 3 - 2　人均水资源占有量(立方米)

3.2.3　矿产资源

　　江苏地跨华北地台和扬子地台两大地质构造单元,有色金属类、建材类、膏盐类、特种非金属类矿产是江苏矿产资源的特色和优势,截至到 2012 年底,江苏矿产资源发现的有 133 种,其中查明资源储量的有 67 种,但不少重要的工业原料矿产匮乏,远远不能满足经济发展的需要。

　　江苏铁矿、铜矿和铅矿在 2012 年底的储量分别为 77 725.68 万吨、57.9 万吨和 65.81 万吨。与全国矿产资源的人均占有量相比,江苏主要矿产资源的人均占用量较低。由图 3 - 3 可以看到,江苏铁矿的人均占有量为 9.81 吨,与全国的人均水平 14.39 吨相差较大,铜矿和铅矿的人均拥有量虽然也低于全国,但是差距相对较小。总的来说,铁、铜、铅等金属矿产都不同程度地存在矿产资源总量不足、矿床规模偏小、矿石品位不高的问题。

　　在今后 10 - 20 年里,省内的铁、铜、铅等有的资源将耗尽,有的资源保证程度将大大降低。因此合理开发、综合利用和保护矿产资源,开拓新的找矿领域,寻找新的矿产地也势在必行。

主要矿产资源人均拥有量(铁矿为吨/人，
铜矿、铅矿为吨/百人)

□全国 ■江苏

14.387　　9.814　　　2.019　0.731　　　1.074　0.831

铁矿　　　　　　　铜矿　　　　　　　铅矿

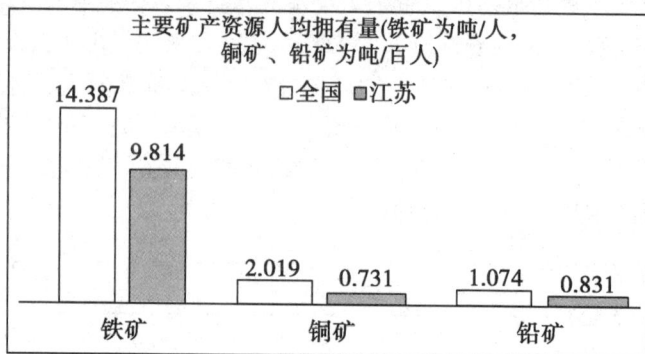

图 3－3　主要矿产资源人均占有量(吨)

3.2.4　能源资源

江苏能源资源较为匮乏。截至 2012 年底，煤炭储量为 326 870.2 万吨，占全国的 1.4%；全省累计探明石油(即原油)地质储量为 30 923.77 万吨，已探明石油地质储量占全国的 9.3%，其中累计探明技术可采储量为 7 088.21 万吨；累计探明天然气地质储量为 24.35 亿立方米，仅占全国的 0.2%，可采储量为 36.41 亿立方米。

图 3-4 大致描述了江苏主要能源资源人均占有量与全国人均水平之间的比较。可以看到，江苏除了石油的人均占有量大于全国人均水平外，煤炭和天然气的人均占有量均远低于全国的人均水平，说明江苏的能源储备量不容乐观。除此之外，太阳能、风能、潮汐能等可再生能源的储备也不甚理想。

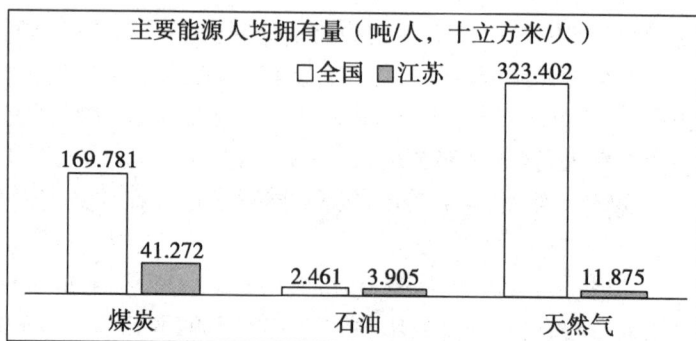

主要能源人均拥有量（吨/人，十立方米/人）

□全国 ■江苏

323.402

169.781　41.272　　　2.461　3.905　　　　　　　11.875

煤炭　　　　　　　石油　　　　　　　天然气

图 3-4　主要能源资源人均占有量(吨、立方米)

3.3 江苏社会发展条件

3.3.1 全民的资源节约意识有所加强

江苏面对缺能、缺地的基本省情,经过不断努力,目前已初步建立了从企业、产业到全社会的"点线面"相结合的循环经济模式,全省资源利用效率有较大幅度的提高,为经济的持续协调发展提供了一定的基础。应该指出的是,公众在节约型社会的建设中也有着积极的作用。整体来看,江苏公众的资源节约意识较强。江苏省社情民意调查中心 2007 年在全省范围内开展了对公众节约意识的调查,在所有的调查者中,87.4%的人赞同"节约优先"的方针,91.6%的人认为建设节约型社会与公众有关,认为经济利益、环境因素和社会责任是影响公众节约意识最主要的因素。这次调查表明江苏的全民节约意识还是比较强的。在 2014年,江苏省社情民意调查中心又对生态文明建设百姓满意度进行了电话调查,有86.5%的被调查者对政府推进生态文明建设取得的效果表示满意。但是,公众对工业污染治理效果的满意度较低,对空气质量也表示不满意。可以看到,江苏公众对于社会的可持续协调发展情况还是很关注的,这可以对政府起到较好的监督作用,也有利于信息的公开,使得相关政策的执行效果更加有效。

3.3.2 执行了节约型产业政策

江苏根据本省基本情况,制定了相应的节约型产业政策:一是做大"轻的"(现代服务业与物流业);二是做强"新的"(电子信息、生物医药与新材料);三是做精"重的"(冶金、化工、建材);四是淘汰"劣的"。在投资上由原来的"招商引资"转变为"招商选资",对循环经济与清洁生产中能形成产业链或补链的项目,实行优先审批。江苏还发布了行业限制与设备淘汰白皮书,严格限制高耗能设备与项目。严格贯彻国家《清洁生产促进法》,对高耗能、高污染企业进行排队,把企业的环境行为公开化,黑色企业银行不予贷款。

2004 年《新华日报》对全省首批 41 家污染严重企业实行公示,取得强烈的社会震动与监督效应。2012 年江苏发布了《江苏省工业和信息产业结构调整指导目录》,将产业分为鼓励类、限制类和淘汰类三大类,对于落后的生产工艺装备业实施淘汰政策,对于一些高消耗的煤炭、石化工业进行限制,为产业结构调整提供了一定的指导意见。这对于合理配置资源,提高资源利用效率和建设节约型社会都有着重要的推动作用。2014 年江苏发布了关于推进建筑产业转型升级的相关文件,考虑到建筑业是国民经济的重要支柱产业,产业周期长、资源能源消耗高,因此促进建筑企业转型升级、建立标准体系、提高科技创新能力,有利于节约型社会的建设。

3.3.3 制定了节约型社会规划

近年来,江苏引导企业与社会注重资源节约,广泛开展循环经济与清洁生产。2005 年 4 月通过《江苏省循环经济发展规划》,先后出台了《江苏省基本农田保护条例》、《江苏省建设用地指标体系》、《江苏省民用建筑热环境与节能设计标准》等十多部地方法规。同年开始每年向全省发布《江苏省能源利用状况公报》。2006 年 3 月,省委、省政府落实中央建设节约型社会精神,印发《关于加快建设节约型社会的意见》,编制《江苏省节约型社会建设纲要》。2009 年省委、省政府又发布《江苏省建筑节能管理办法》。2010 年《江苏省节约能源条例》由江苏省第十一届人民代表大会常务委员会第十八次会议修订通过,并从 2011 年开始实施,该条例为江苏推进能源节约、合理有效的利用能源、改善环境提供了相应的管理办法以及处罚措施。江苏省发展改革委员会积极开展 2015 年投资备选项目组织申报工作,其中节能重点工程项目 13 个、循环经济示范项目 3 个、资源综合利用"双百工程"项目 9 个、战略新兴产业专项中节能环保技术装备产业化示范项目 1 个。这些都体现了江苏省委、省政府对建设节约型社会的重视。

3.4　江苏科技创新能力

3.4.1　研发投入比重大

江苏在科技发展道路上,借助高校众多和科技人才雄厚的优势,对研究与开发投入了大量的人力和物力,为建设创新型省份这一目标而努力。

截至到 2013 年,江苏研究与开发机构数为 143 个,从业人员数为 51 258 人,是全国从业人数 761 963 人的 6.7%。参与的研究与发展的课题更是多达 107 690 项,其中高等院校的项目数为 48 980 项,占据了总数的 45%,说明高等院校在研发过程中有着重要的地位。同时,全国研究与开发的课题数为 1 164 993 项,江苏占比 9.2%。这说明,不管是课题数目还是研发从业人员,江苏在全国都是比较靠前的。

另外,江苏研究与发展经费支出占地区生产总值的比重为 2.4%,其中,研究与发展经费的内部支出有 1 440 亿元。研发投入的高增长也带来了诸多的成果。以专利申请为例,江苏 2013 年专利申请受理量为 504 500 件,授权量为 239 645 件,接近申请量的一半。全国 2013 年专利申请受理总数为 2 234 560 件,授予数为 1 228 413 件,江苏专利的申请量和授予量均为全国的 20%。

3.4.2　产学研体系不断完善

江苏深化科技体制改革的同时,也在不断完善以企业为主体、市场为导向、产学研相结合的技术创新体系,并为产学研服务建立了众多的网络平台,主要有"江苏省产学研合作网""江苏省科技政策服务网"和"江苏省科技成果网"等。以培育新兴产业和升级传统产业为出发点,激活高校院所、企业、科研工作人员、金融服务机构等产学研主体的积极性,探讨产学研合作的新机制和新模式。

江苏产学研合作形式和具体措施有:实施产学研联合创新专项资金,重点支持前瞻性联合研究项目,积极支持技术转移中心建设,并对高校技术转移中心的运行进行补贴;推进重点科教单位合作,全省加强了与中国科学院、清华大学、北京大学、浙江大学、南京大学、东南大学等重点科教单位的战略性合作;举办重大产学研活动,依据特定产业领域,引导国内外科研机构的科技成果、专家团队与省内企业进行无缝对接,推动技术成果的应用和转化;大力促进校企联盟建设,组织科技人员服务基层、服务企业、服务社会,推进产学研合作。

3.4.3　科技园区发展良好

江苏各类科技园区蓬勃发展。截至 2014 年底,随着镇江高新区升级为国家高新区,江苏全省国家高新区达到 12 家,位居全国第一。目前,全省拥有省级以上高新区达到 23 家。全省高新区都建设了创新核心区,推动高新园区产业向专业化、高端化、高价值链发展。诸如常州科教城、苏州科技城、泰州医药城等创新载体作用凸显,昆山高新区机器人、无锡高新区物联网、苏州工业园区纳米等产业已在全国形成先发优势。全省的国家高新区和省级高新区已经成为全省实施创新驱动战略的主阵地。

江苏拥有科技产业园 165 家,已基本成为区域经济发展新的增长极。如无锡高新区纳米科技产业园、太仓机电装备产业园、南京软件产业园、无锡集成电路设计产业园、苏州医疗器械产业园、常州创意产业园、镇江高性能合金产业园等有力促进了全省战略性新兴产业和高新技术产业的集聚。

截至 2014 年底,江苏拥有各类科技企业孵化器 515 家,孵化面积达到 2 769 万平方米,占全国的 1/3。如南京金港科技创业园、苏州科技城生物医药技术发展有限公司等省级科技创业孵化链。全省还拥有 15 家国家级大学科技园、35 家省级大学科技园。科技创业园与孵化器建设促进了科技型中小企业的快速成长。

总的来说,江苏的科技创新能力较强,全省科技进步对经济增长贡献率年均提高 1.5%,2010 年达到 54%,创新能力排名连续两年位居全国第一。科技创新投入和产出大幅增长,全社会研发投入累计达到 3 000 亿元,年均增长 30% 以上,其中 2010 年达 840 亿元,占地区生产总值的比重提高到 2.1%,高出"十二五"末0.62%。高新技术产业产值年均增长 30% 以上,2010 年完成产值 3 万多亿元。新能源、新材料、生物技术和新医药、节能环保、软件和服务外包、物联网等 6 大新兴产业实现销售收入 2 万多亿元,占全部工业销售收入的 23%。

截至到 2012 年,江苏在企业创新、创新环境两个方面的全国排名继续保持第

1名,知识获取、创新绩效继续位居第2位,知识创造则首次由连续多年第4名跨越性地上升到第2名。区域创新能力取得"四连冠",科技进步贡献率提高到55.2%。

3.5 江苏经济发展面临的问题

3.5.1 资源总量紧缺

江苏是中国东部地区的人口与经济大省,全省面积10.72万平方公里,占全国总面积的1.1%,截至2014年,江苏常住人口数为7 960.06万人,为全国总人数的5.8%,地区生产总值在2014年占据了全国经济总量的10.2%。但是能源情况不容乐观,2014年江苏一次能源生产量为3 096.99万吨标准煤,进口量为3 717.27万吨标准煤,说明江苏发展所需的能源大量依靠进口。

总的来说,江苏人多地少,是资源相对紧缺的省份,资源对外依赖度高,环境承受能力相对较弱。截止到2014年,江苏人均GDP为81 874元人民币,已超过10 000美元,在"十二五"期间,江苏综合实力提升快,转型发展的进度大,人民群众的生活也得到了很大的提高,这些都为"十三五"乃至后面更长时期的发展奠定了坚实的基础。"十三五"时期,江苏经济发展的目标是10万亿元左右,并保持年均7.5%左右的增长率,与此同时,单位地区生产总值能耗、主要污染物排放以及空气质量等也都受到国家下达指标的约束,这些都给资源的开发利用带来了巨大的压力。

3.5.2 资源利用效率较低

江苏在经济快速增长的同时,还存在着"高消耗、高排放、不协调、低效率"等一系列问题。江苏2013年共消费了29 205万吨标准煤,这一数值在全国省市中居于第三位,占全国能源消耗总量的7.4%,这一方面是因为江苏作为全国的经济大省之一,生产发展需要消耗大量的能源,另一方面,也与江苏单位产出能耗和资源消耗水平偏高有着很大的关系。高消耗的粗放型经济增长,必然会带来高排放和高污染。

资源的高消耗和利用效率的低下,容易导致经济发展的不协调,拉低经济增长水平,这可以利用"木桶定律"来解释,即木桶的实际容量取决于最短的那条板,高出最短木条的部分是无效部分。类似的,经济结构不协调状态下的增长主要取决于最薄弱的那部分,在江苏主要表现为资源约束。

整体来说,江苏的经济增长虽然已经取得了较好的成果,但是资源的约束制约了经济总体效益的进一步提高。因此,江苏应当注重资源的节约,并提高资源的利用效率,降低单位产值的能耗,从而实现经济的可持续发展。

3.5.3　产业结构不够合理

江苏的产业结构以第二、第三产业为主。2014年第二和第三产业产值占地区生产总值的比重分别为47.4％和47％,而第一产业产值仅占5.6％。从制造业企业分布情况来看,大多数企业从事的是纺织业、设备制造业和农副食品加工业等处于价值链中低端的产业,技术含量相对较低,对江苏经济高质量增长的贡献度较低。服务业虽然也占据地区生产总值相当大的比重,但是规模以上企业数量较少,从2014年的数据来看,仅有16 048个,是工业企业数量的1/3,而且服务业大多集中在运输、信息和租赁等行业,咨询、金融、教育等行业的贡献度较小。由此可以看到,江苏服务业尤其是生产性服务业或高层次服务业的发展还比较滞后,需要进一步的提升。此外,江苏本土新兴产业竞争优势不够突出,缺乏核心技术和自主知识产权,企业的利润空间较小,这些都需要进一步加快产业结构的转型升级。

本章分别从江苏的经济基础概况、自然资源状况、社会发展条件和科技创新能力4方面分析了江苏建设节约型社会的现状,指出了优势所在,同时也提出了存在的问题。根据前文的分析可知,江苏经济基础较好,各项经济指标均居全国前列,经济效益不断提高;耕地资源人均占有量短缺以至于人地矛盾突出;水资源丰富,但人均拥有量也不甚理想,并且还面临着水污染问题的挑战;矿产资源和能源资源严重短缺,80％的能源依靠进口且能源缺口逐年加大;居民节约意识逐步提高,且大多赞成建设节约型社会,政府对节约型社会的重视程度也在逐渐加强,为江苏构建节约型社会提供了有力的社会基础;科技创新投入大、能力强,科技产业园区发展迅速。但值得注意的是,江苏发展中仍面临着一系列的问题,如资源总量稀缺、资源利用效率低、产业结构不合理等,这些阻碍了节约型社会的建设,需要寻找解决的途径。

对江苏建设节约型社会现状的初步分析显示,作为资源紧缺且经济增长稳步加快的发达省份,构建节约型社会是大势所趋,节约意识已在社会上得到较为广泛的普及,但节约型社会的建设任务仍任重道远。本书后面的章节将分别从区域视角、行业视角、技术视角和微观视角,对江苏建设节约型社会进行更为系统、量化的分析和解释,为节约型社会的实现提供理论依据和政策建议。

第四章　基于省际视角的江苏建设节约型社会评价分析

4.1　国内外节约型社会评价指标体系的研究回顾

建设节约型社会是一项系统工程，节约型社会包含了诸多方面。因此，对节约型社会建设进程的评估需要用有代表性的指标体系给予反映，需要用多元统计分析方法进行研究评价，找到节约型社会发展的优势、潜力、问题，以便提出建设节约型社会的决策建议。

4.1.1　国外学界关于节约型社会评价指标体系的研究

国外关于节约型社会评价指标体系的研究由来已久，但国际社会并没有明确地将建设节约型社会作为国家战略实施，因此，国外的研究一般都集中于某些专题，如生态环境、循环经济、可持续发展等方面，其中大多将资源节约作为环境可持续发展的一个重要组成部分来建立指标体系。

联合国可持续发展指标体系试图根据不同国家的背景、发展条件和未来不断发展变化的需要，采用开放的菜单形式，使得各国在实际应用中，既可保持指标概念、定义、分类的标准化，维护一定国际可比性，又保持了指标选择的灵活性和通用性。

耶鲁大学和哥伦比亚大学的环境研究小组对全球 146 个国家的环境可持续发展状况进行了评价，其建立的环境可持续发展指数（ESI）是一套非常完整的环境可持续发展指标体系，由环境系统评价、减轻环境压力、降低环境对人类的负面影响、社会和制度能力、参与国际环境事务等 5 部分组成。具体的指标体系又由 21 项指标和 76 个基础变量构成。

虽然国外已取得了许多研究成果，但由于我国人口多、人均资源不丰富，又处于社会主义初级阶段，我国在建设节约型社会方面有自己的特殊性，指标体系的建立需要根据我国实践不断摸索和改进。

4.1.2　国内学界关于节约型社会评价指标体系的研究

国内对节约型社会评价指标体系的研究有两个特点：一是国内的研究主要是

关于节约型社会的整体评价。在我国,建设节约型社会是一项重要的国家战略,整个体系需要用有代表性的评价指标给予反映。二是具有强烈的政策导向。在本世纪初国务院明确发出开展资源节约活动的通知,全国人大通过国家"十一五"规划,将建设节约型社会确定为国家的重要战略。在上述政策的引导下,关于评价体系的重要的研究成果多产生在 2000 年至今的时间内。

按照时间的维度,国内关于节约型社会评价指标体系的研究可以分为三个阶段:前期探索阶段、快速发展阶段、缓慢改善阶段。

(1) 前期探索阶段

前期探索阶段是从上世纪 90 年代初国内关于节约型社会研究的起步至国家关于建设节约型社会的相关政策出台期间。由于预见到了我国经济发展的不可持续,陆大道(1993)进行了比较深入的节约型社会经济体系内涵的理论研究,提出了大力发展第三产业、发展循环经济、建设资源和环境保护的管理规划等一系列政策建议。陆大道从我国的经济发展类型、产业结构、城镇化规模等 9 个方面,探讨了建立节约型社会经济体系的基本途径。

梁天民(1995)认为,由于我国人均资源占有量少,并且存在技术落后、利用率低的特点,要想实现节约型社会,必须从升级产业结构入手,以节水、节能、节地为支点,建立一个资源节约型的新产业体系。

李荣生(1999)在论述节约型农业结构中,构建了资源节约型农业结构的评价指标,并提出改善、保护生态环境,发展生态经济型农业等 5 个方面的对策。

叶蔚、于忠军和汤建泉(2004)按经济生产的不同部门把节约型社会的评价体系分为 GDP 指标、第一产业指标、第二产业指标、第三产业指标和工业指标,然后再根据资源的使用情况设置了资源效益指标和弹性指标,对上述 5 个指标进行具体细分。该指标体系包含了静态指标和动态指标,反映出了节约型社会的发展现状和趋势。

这一阶段的研究主要集中在理论方面,其中陆大道是国内较早提出建设节约型社会构想的学者,极具有预见性;梁天明和叶蔚等人的相同点在于其理论偏向于构建节约型产业,更看重生产,对于消费和流通环节没有涉及,所以不能称之为一个完整的体系;李荣生的研究集中在农业上的节约,也不完整。由于时代的缘故,这个时期的理论都有其各自的局限性,但总的来说,他们都为我国节约型社会评价指标体系的构建和完善作出了贡献,为后人的研究指明了道路。

(2) 快速发展阶段

2004 年国务院明确发出了开展资源节约活动的通知;2005 年国务院制定了有关建设节约型社会的政策;2006 年全国人大通过了国家"十一五"规划,将建设节约型社会确定为国家的重要战略。受惠于国家相关鼓励政策的出台,同时又承接了上一阶段学者们的理论成果,关于构建节约型社会评价指标体系的研究迎来了繁荣时期,各种新的评价指标体系不断被提出,评价理论不断被改进和完善,直到 2008 年左右,各种评价指标才相对稳定下来。

李桂香(2006)等建立的节约型社会评价指标体系包括经济节约指数、社会节约指数、科技支持指数、环境支持指数等共 30 个指标。与上一阶段的研究相比,可以明显察觉到指标体系的建立更加全面,基本涵盖了节约型社会的各个方面,并且增加了实证研究。

刘晓洁、沈镭(2006)根据节约型社会的内涵和特征,遵循指标体系构建原则,结合我国实际,建立了 4 层次节约型社会综合评价指标体系。第一层为综合评价;第二层为节约发展指数和节约协调指数;第三层为 5 个子系统——资源节约指数、经济发展指数、社会进步指数、技术支持指数、环境保护指数;第四层为煤炭生产率、人均 GDP、投资率、城市化率、技术装备率等具体数据。与李桂香的理论相比,该体系增加了经济发展指数,包括人均 GDP、第三产业比重、能源消费弹性指数等细化指标。按照相关经验,资源节约程度与社会的发展程度必然是相关的,因此加入经济发展指数是一个合理的举措。

周永章(2006)等将再循环指标加入评价体系中,主要用来描述废物的资源化和无害化以及企业对此的支持作用。具体指标包括废弃物回收利用率、工业用水重复利用率、工业园区产值占工业总产值比例等。该体系力求贯穿循环经济的思想:减量化、重新使用、再循环原则。

张良强、刘香旭(2008)在构建节约型社会评价体系中引入了平衡计分卡(BSC),构建了基于节约资源的观念、制度与组织、过程、综合绩效等 4 个维度的评价节约型社会系统的逻辑理论模型。在设计指标模型时,他们提出了节约资源的观念强度、节约资源的管理制度、废弃物回收利用行业发展程度、生产过程节约资源的绩效、生活消费过程节约资源的绩效、节约资源的综合绩效等 6 个二级指标。从理论上看,该系统包括了生产、流通、社会服务、消费领域各个方面,同时将资源的绝对消耗、相对消耗和环境消耗相结合,长期绩效与短期绩效相结合,全面地反映了社会的节约程度。

左其亭、王丽(2008)构建了一套资源节约型社会评价指标体系,包括 5 类资源(水、土地、矿产、能源和其他)、4 个循环环节(开发、利用、排放和回收)、3 个层次(资源层、过程层、指标层)。这个体系与其他体系相比,形式较为新颖,但其实质仍未脱离评价指标体系的一般结构,只是将各个细化指标的分类加以变化。

在评价指标体系的快速发展阶段,各种新理论在短短的几年内不断涌现出来,节约型社会评价指标体系的构建呈现出一个不断完善、复杂的态势。但这个过程中出现的问题是:是否细化指标越多越全,测算出的综合评价指标就越准确?这个阶段的学者们在研究指标体系时的确加入了许多新指标,其中或许有一些对提高综合指标的精确度有益,但也不乏一些无用的细化指标。如张良强、刘香旭在实际操作中,由于理论评价体系中的成年人中接受节约型生活消费方式的人口占总人口的比重、动力机械按经济使用期限报废的比例、废弃物回收利用行业的专业从业人员数等指标的数据资料难以获得,两位作者不得不将这些指标剔除,以保证研究的进行。因此,一味追求指标的多和全是没有意义的,在构建指标体系的过程中,还要考虑到指标数据的可获得性以及整个系统的相关性。

(3)缓慢改善阶段

经过上一阶段的快速发展,节约型社会评价指标体系的建立方法慢慢稳定下来,所选取的细化指标也更具有代表性。

何金钱(2009)创建的节约型社会评价体系由 5 大系统组成:资源消耗支持系统、经济发展支持系统、社会支持系统、生态环境支持系统和科技支持系统。

王爱华(2009)将新技术应用节约层面、结构调整节约层面、管理节约层面等引入评价指标体系,在资源开采、消耗、消费、再利用、资源化的整个流程上进行闭环反馈式循环节约的评价,围绕新技术应用节约、结构调整节约、管理转变节约、资源开发与生产节约、资源消耗节约、资源消费节约、资源综合利用节约、污染物排放减量节约等 8 大方面构建了一套比较科学、完整的节约型社会指标体系。但该项研究的缺陷在于系统中难以测算的指标较多,甚至连作者本人也无法将系统运用到实证分析中去。

刘洪(2010)以节约型社会为总目标层,以经济发展、社会进步、科技支持、环境保护等 4 个层面为准则层,每个准则层又包含若干评价指标。这是目前比较典型的节约型社会评价指标体系,分为三个层次——目标层、准则层、细化指标层。

2008 年至今,节约型社会评价指标体系经历了一个相对稳定但绝不是一成不变的时期。迄今为止,仍没有一套较为完善的节约型社会的评价系统,因为该体系的建立涉及经济、社会、环境、科技等各个领域,可以采用的细化指标数量过于庞大。专家学者都提出了各自的指标体系,不尽相同、各具特色,但都达不到系统全面、合理准确的要求。

国内的学者和专家在节约型社会综合评价指标体系方面都做了大量的探索和研究,但由于节约型社会是一个复杂庞大的系统,我们必须在众多的指标中选择有代表性的评价指标并构建综合评价指标体系,随着我国节约型社会的建设程度日益提高,关于此方面的研究也会日益增加。在实践的不断检验之下,节约型社会评价指标体系将会日臻完善,更好地促进我国节约型社会的建立和完善。

4.2 节约型社会评价指标体系的理论基础

4.2.1 可持续发展理论

可持续发展涉及可持续经济、可持续生态和可持续社会三方面的协调统一，要求人类在发展中讲究经济效率、关注生态和谐和追求社会公平，最终达到人的全面发展。经济的可持续发展要求重视经济增长的数量，更追求经济增长的质量，改变传统的以"高投入、高消耗、高污染"为特征的生产模式和消费模式，实施清洁生产和文明消费，以提高经济效益、节约资源和减少废物。生态的可持续发展要求经济建设和社会发展要与自然承载能力相协调，必须保护和改善地球生态环境，保证以可持续的方式使用自然资源，使人类的发展控制在地球承载能力之内。生态可持续发展强调了发展是有限制的，没有限制就没有发展的持续。生态可持续发展也强调环境保护，但不同于以往将环境保护与社会发展对立的做法，而是要通过转变发展模式，从人类发展的源头、从根本上解决环境问题。社会的可持续发展是指世界各国的发展阶段不同，发展的具体目标也各不相同，但发展的本质应包括改善人类生活质量，提高人类健康水平，创造一个保障人们平等、自由、教育、人权和免受暴力的社会环境。也就是说，在人类可持续发展系统中，经济可持续是基础，生态可持续是条件，社会可持续才是目的。

可持续发展的实质就是要节约资源、合理利用资源、保护环境与自然和谐相处，而这正是建设节约型社会所追求的，节约型社会建设的目标之一就是使发展建立在可持续的基础上。因此可持续发展的理念、原则和方法都适合于节约型社会的实践。

4.2.2 循环经济理论

循环经济理论是对传统经济发展理论的重大突破，它打破了传统经济理论把经济和环境系统人为割裂的弊端，要求把经济发展建立在自然生态规律的基础上，从人、自然资源和科学技术等更大系统来分析经济问题，使整个经济系统以及生产和消费的整个过程基本上不产生或者只产生很少的废物，实现经济发展、环境保护及社会进步的"共赢"。

循环经济的核心是4R原则，即减量化（Reduce）、再利用（Reuse）、再循环（Recycle）、再思考（Rethink），它为经济增长提供了新的行动准则。减量化原则是用较少的原料和能源投入到生产和消费流程中，从而在经济源头就注意节约资源和减少污染。再利用原则是尽可能多次以及尽可能多种方式地使用人们所购买的东西。再循环原则要求生产出来的物品在完成其使用功能后能重新变成可利用的资源，而不是无用的垃圾。再思考原则是不断深入思考在经济运行中如何系统地避免和减少废弃物,最大限度地提高资源生产率,实现污染排放最小化、废弃物循环利用最大化。

根据上述循环经济学理论,节约型社会评价指标体系的构建要体现以下几个方面:一是开采环节中的资源综合开发和回收利用情况;二是消耗环节中的资源利用效率;三是废弃物产生环节中的资源循环回收和综合利用情况;四是社会消费环节中的绿色消费的实施情况。

4.3 节约型社会综合评价指标体系的构建

4.3.1 指标的选取

根据上述理论、节约型社会的内涵以及评价指标体系的构建原则,结合江苏经济社会发展的特征以及资源现状和使用情况,本章以节约型社会评价为总目标层,以资源利用效率指标、资源消耗指标,污染排放强度指标、环境治理与循环利用指标、经济发展指标、社会进步指标和创新支撑指标 7 个分项为准则层,构建了27 个指标,每个指标隶属于一个准则层,它们构成了指标体系的最底层,是对准则层的具体细化。节约型社会综合评价指标体系见表 4-1。

表 4-1 节约型社会综合评价指标体系

总目标层	准则层	指标层
节约型社会评价	资源利用效率指标	水资源使用效率 土地资源使用效率 耕地资源使用效率 能源使用效率
	资源消耗指标	人均用水量* 人均生活用电量*
节约型社会评价	污染排放强度指标	每万元工业产值废水排放量* 每万元工业产值废气排放量* 每万元工业产值固体废弃物排放量* 单位 GDP 二氧化硫排放量* 单位 GDP 化学需氧量排放量*
	环境治理与循环利用指标	废气综合处理率 废水排放达标率 固体废弃物综合利用率 三废综合利用产品产值占 GDP 比重

续表

总目标层	准则层	指标层
节约型社会评价	经济发展指标	人均 GDP 第三产业比重 高新技术产业比重
	社会进步指标	居民恩格尔系数 城市居民人均可支配收入 农村居民人均可支配收入 万人卫生机构床位数 万人公共汽车数
	创新支撑指标	R&D 支出占 GDP 比重 每万人申请专利数 每万人拥有的科研人员数 每万人高校人数

带 * 号的为逆向指标。

4.3.2 指标的解释

(1) 资源利用效率指标。采用经济发展中单位产值的水资源消耗、土地资源消耗、耕地占用、能源消耗等指标来深入研究经济社会发展与资源利用的相对水平，反映资源利用强度变化的幅度。

水资源使用效率：指每单位用水产生的 GDP 数量，计算公式：GDP/用水量。

土地资源使用效率：指每单位建设用地产生的 GDP 数量，计算公式：非农产业增加值/建设用地。

耕地资源使用效率：指每单位耕地生产的粮食产量，计算公式：粮食产量/耕地面积。

能源使用效率：指每单位能源消耗产生的 GDP 数量，计算公式：GDP/能耗。

(2) 资源消耗指标。与第一项"资源利用效率指标"相比，更加微观，也可以说是对公众的节约行为的调查分析，是从城乡居民生活消费的角度刻画资源的节约水平，反映了生活中人们使用资源的节约状况和程度。该指标是逆向指标，数值越小越好。

人均用水量的计算公式：用水量/人口数。

人均生活用电量的计算公式：民用电量/人口数。

(3) 污染排放强度指标描述的是节约型社会的建立对于环境的改善程度。建设节约型社会可以在一定程度上减少环境污染，因而通过污染排放强度指标可以从侧面反映一个地区节约型社会的建设状况。该指标是逆向指标，数值越小越好。指标数值小表明一个地区工业生产对该地区的环境污染小。

工业废水排放率、工业废气排放率、工业固体废弃物产生率、二氧化硫排放率、化学需氧量排放率是以单位工业产值或单位 GDP 的排放量来表示的。

（4）环境治理与循环利用指标描述的是在生产活动中资源的使用情况，包括资源的使用效益及综合利用和循环使用情况。

废气综合处理率、废水排放达标率、固体废弃物综合利用率指生产过程中废气、废水和固体废弃物的处理及循环利用情况。

三废综合利用产品产值占 GDP 比重是指利用循环回收的"三废"作为主要原料生产的产品价值对 GDP 的贡献。"三废"是指废液、废气和废渣。这个指标描述的是一个地区对于回收资源的利用效益。计算公式为：三废作为主要原料生产的产品价值/GDP。

（5）经济发展指标选取人均 GDP、第三产业比重及高新技术产业比重三个指标来描述江苏的经济现状，反映的是产业结构的调整对节约型社会建设的支持和贡献。

人均 GDP 是衡量经济发展状况的指标，是重要的宏观经济指标之一，它是了解和把握一个国家或地区的宏观经济运行状况的有效工具，计算公式：GDP 总量/人口总数。

第三产业比重即服务业占国内生产总值的比值，其发展水平是衡量生产社会化程度和市场经济发展水平的重要标志。计算公式：第三产业总值/GDP。

高新技术产业比重也是衡量产业结构的重要指标，高新技术产业是以高新技术为基础，从事一种或多种高新技术及其产品的研究、开发、生产和技术服务的企业集合，目前高新技术产业主要包括信息技术、生物技术、新材料技术三大领域。计算公式：高新技术产业产值/GDP。

（6）社会进步指标主要使用居民恩格尔系数、人均可支配收入、卫生机构床位数和公共汽车数来衡量。

居民恩格尔系数表示食品支出总额占个人消费支出总额的比重，是表示生活水平高低的一个指标。

城市居民人均可支配收入、农村居民人均可支配收入是居民收入总额扣除非生产性的税费后形成的可以自主支配的，用于消费、直接投资和金融资产积累的收入。

万人卫生机构床位数指每万人拥有的医院和疗养院在一定时段内用于治疗、疗养或休养的床位总数，是反映卫生事业基本情况的指标之一。

万人公共汽车数表示每万人拥有的公共汽车数量，是反映公众乘用公共交通节约能源程度的重要指标。

（7）创新支撑指标主要用于描述相关各方所采取的、目的在于提高社会节约水平的行动、政策及措施。主要包括提高生产力水平和经济效率、调整产业结构和加大科研研发的投入等方面。

R&D 支出占 GDP 比重是指研究与试验发展经费支出占国内生产总值的比

重,反映的是科技进步对节约型社会建设的支持和贡献。

每万人申请专利数、每万人拥有的科研人员数、每万人高校人数反映科技对建设节约型社会的贡献情况,也反映了资源节约水平的内在潜力。

以上指标体系可以较为全面系统地反映江苏资源节约利用的状况。除此之外,上述指标体系还有直观和通俗易懂的特点。根据以上分析,就形成了以节约型社会评价为总目标层(即:A层),以资源利用效率指标(B1)、资源消耗指标(B2)、污染排放强度指标(B3)、环境治理与循环利用指标(B4)、经济发展指标(B5)、社会进步指标(B6)和创新支撑指标(B7)等7个层面为准则层(即:B层),每个准则层又包含若干评价指标(即:C层)的层次清晰、目标明确的节约型社会综合评价指标体系。C层共27个具体指标,其中资源利用效率指标4个、资源消耗指标2个、污染排放强度指标5个、环境治理与循环利用指标4个、经济发展指标3个、社会进步指标5个和创新支撑指标4个。

4.4 节约型社会综合评价方法的确定

4.4.1 综合评价方法的概念和步骤

综合评价方法是把多个被评价事物不同方面、不同量纲的统计指标转化成无量纲的相对评价值,并综合这些评价值以得出对该事物一个整体评价的方法。指标是综合评价的依据,指标体系评价方法就是用不同的指标对事物发展的多个方面分别予以反映。这种指标体系法虽能全面反映某一个事物的发展状况,但在不同事物间比较时遇到了困难,往往各个指标的同时使用会发生不同指标之间相互矛盾的情况,不利于被评价事物作时间和空间上的整体对比。正是由于指标体系法的这一不足,人们发展了多指标综合评价方法,即把反映被评价事物的多个指标信息综合起来,得到一个综合指标,由此来反映被评价事物的整体情况,同时满足全面性与综合性的要求。

从目前研究实践来看,多指标综合评价方法的应用中主要使用了三大类方法:使用一般数学方法的常规方法、模糊数学方法、多元统计方法。

无论使用什么方法,多指标综合评价过程都包括以下基本步骤:

(1) 选取评价指标,建立评价指标体系;

(2) 根据被评价事物的实际情况,选定所用的无量纲化及合成公式;

(3) 根据选择的无量纲方法确定指标的有关参数(如极大值、极小值、满意值、不允许值等);

(4) 确定每个指标在评价指标体系中的权重;

(5) 将指标实际值转化为指标评价值(即无量纲化);

(6) 将各指标评价值合成(即加权平均)以得出综合评价值;

（7）依综合评价值的大小，对各被评价对象排序。

4.4.2　综合评价方法权重的确定

指标体系权重是指标相对于评价目标重要性的一种度量，不同的权重往往会导致不同的评价结果。因此，采取适当的方法以保证指标体系权重分配的科学性和合理性就显得至关重要。从国内、外指标体系权重研究现状来看，权重的确定方法主要有三种：客观赋权法、主观赋权法、主观与客观相结合的赋权法。客观赋权法是指直接根据指标的原始数据，经统计分析或其他数学方法处理后获得权重体系的一类方法，主要包括灰色关联度法、多元线性回归法、熵值法和因子分析法等。主观赋权法主要是指由研究者或专家根据自己的主观判断来分配权重，如德尔菲法、层次分析法等。主观与客观相结合的赋权法就是把主观赋值法和客观赋值法得到的权重以平权或非平权的方式求出算术平均值或几何平均值，进而求出综合权重。

对节约型社会的评价，可通过对上一节中提出的指标体系的综合评价来反映某地区的节约状况。评价的方法可以有多种，得出的结果也会有所不同。限于篇幅，本章选用熵值法作为对节约型社会进行综合评价的方法。

4.4.3　熵值法

熵值法是进行多指标综合评价的一种重要方法，它根据指标数据提供的信息量对指标进行客观赋权，减少了主观因素的影响，因此给出的指标权重值比德尔菲法和层次分析法有较高的可信度。但它缺乏各指标之间的横向比较，又需要完整的样本数据，在应用上受到限制。对于节约型社会综合评价问题来说，统计资料可以满足样本数据的要求，因此本章采用熵值法进行节约型社会综合评价。

熵作为对不确定性的一种度量，信息量越大，不确定性就越小，熵也就越小；反之，不确定性就越大，熵也就越大。假设有 m 个对象，n 个评价指标，a_{ij} 表示第 i 个对象的第 j 项指标值。用熵值法进行综合评价的具体步骤是：

① 考虑到各原始指标的量纲、极差、趋向不尽相同，首先必须对其进行规范化和同趋化处理。本章采用极差正规法对原始指标数据进行无量纲化处理，将所有指标实际值归一化到[0,1]的单位区间中，计算公式分为两种情形：

正向指标（越大越好）

$$x_{ij} = \frac{a_{ij} - \min\{a_{ij}\}}{\max\{a_{ij}\} - \min\{a_{ij}\}} (i=1,2,\cdots,m;j=1,2,\cdots,n) \quad (4-1)$$

逆向指标（越小越好）

$$x_{ij} = \frac{\max\{a_{ij}\} - a_{ij}}{\max\{a_{ij}\} - \min\{a_{ij}\}} (i=1,2,\cdots,m;j=1,2,\cdots,n) \quad (4-2)$$

其中，x_{ij} 表示经过无量纲化处理以后标准化数值，a_{ij} 是第 i 个对象第 j 个指标的原始值。

② 计算在第 j 项指标下第 i 个对象在此项指标中所占的比重 P_{ij}：

$$P_{ij} = \frac{x_{ij}}{\sum\limits_{i=1}^{m} x_{ij}} \qquad (4-3)$$

③ 计算第 j 项指标的熵值 e_j：

$$e_j = \frac{-1}{\ln m} \sum_{i=1}^{m} (P_{ij} \ln P_{ij}), e_j \in [0,1] \qquad (4-4)$$

④ 计算第 j 项指标的差异性系数 g_j：

$$g_j = 1 - e_j \qquad (4-5)$$

⑤ 计算第 j 项指标的客观权重 $w_j^{(2)}$：

$$w_j^{(2)} = \frac{g_j}{\sum\limits_{i=1}^{m} g_j} \qquad (4-6)$$

综合权重 w_j 的确定及综合得分 H_i 的计算如下。

将主观权重 $w_j^{(1)}$ 与客观权重 $w_j^{(2)}$ 相统一的组合权重计算公式为：

$$w_j = \frac{w_j^{(1)} \times w_j^{(2)}}{\sum\limits_{j=1}^{n} w_j^{(1)} \times w_j^{(2)}} \qquad (4-7)$$

计算各评价对象的综合得分 H_i：

$$H_i = \sum_{j=1}^{n} w_j a_{ij} \qquad (4-8)$$

4.4.4 权重结果分析

根据改进熵值法的计算步骤，计算出江苏节约型社会综合评价各准则层下的指标权重以及各准则层在目标层上的权重。$A_i = (w_1 w_2 \cdots w_s)$，$i = 1,2,3,4,5,6,7$ 表示准则层对应的权重，w 表示指标层对应的权重，s 为各准则层下的指标序数，具体结果分别为：

$$A1 = (0.036\ 78 \quad 0.022\ 48 \quad 0.025\ 29 \quad 0.051\ 218)$$

$$A2 = (0.036\ 141 \quad 0.046\ 741)$$

$$A3 = (0.032\ 829 \quad 0.033\ 772\ 3 \quad 0.034\ 727 \quad 0.028\ 52 \quad 0.030\ 178)$$

$$A4 = (0.040\ 691 \quad 0.036\ 925 \quad 0.049\ 276 \quad 0.049\ 336) \tag{4-9}$$

$$A5 = (0.037\ 29 \quad 0.038\ 799 \quad 0.033\ 98)$$

$$A6 = (0.022\ 48 \quad 0.025\ 29 \quad 0.026\ 78 \quad 0.021\ 218 \quad 0.039\ 592)$$

$$A7 = (0.060\ 691 \quad 0.046\ 925 \quad 0.049\ 276 \quad 0.049\ 336)$$

从各个指标的权重计算结果来看,资源利用效率准则层中的能源使用效率占比最大,其他三项稍弱,说明能源的利用效率对资源节约程度的影响较大;资源消耗准则层中,人均生活用电量的重要程度高于人均用水量;污染排放强度准则层中的 5 个指标权重基本相当;环境治理与循环利用层面,固体废物利用率和三废产品产值占 GDP 的比重要稍高于废气和废水处理率,可见循环利用强度对资源节约的影响要强于环境治理;经济发展准则层中,第三产业比重所占的权重最高,可见增加污染少、附加值高的服务业比重可以有效地提高资源节约程度;社会进步准则层中,万人公共汽车数量的比重明显高于其他 4 个指标,说明有效的公共交通系统是建设节约型社会的重要组成部分;创新支撑准则层中的 4 个指标权重普遍较高,其中 R&D 投入占 GDP 比例的权重更是达到了 0.06,是所有指标中权重最大的。这表明发展高新技术产业和服务业、提高生产力水平和科技创新能力对于建设节约型社会都有很大的帮助。

在计算出各指标的权重后,可得到各准则层的权重:资源利用效率层为0.135 768,资源消耗准则层 0.082 882,污染排放强度准则层为 0.160 026,环境治理与循环利用准则层为 0.176 228,经济发展准则层为 0.103 508,社会进步准则层为 0.135 36,创新支撑准则层为 0.206 228(见表 4-2)。其中,创新支撑准则层所占权重最大,这表明提高科研投入,吸引高技术人才、增加教育投资对于提高节约水平的帮助是最大的;排在第二、三位的是环境治理与循环利用准则层和污染排放强度准则层,可见提高环境保护的投入、减少污染排放是建设节约型社会的必要措施;排在第四位的是资源利用效率准则层,这与资源节约的内涵相符合。

4.4.5　评价指标的标准化

根据已得数据及其观察结果,可以发现众指标量纲及量级并不统一,因而存在不可对比性,这就为最后建立综合评价指标带来了不便。因此,为了尽可能反应实际情况,排除由于各指标的量纲不同以及指数数值数量级间的悬殊差别带来的影响,避免发生不合理的现象,需要对评价指标作无量纲化处理,即数据的标准化、规范化。一般而言,较为理想的无量纲化方法可以满足 6 个标准,包括单调性、差异比不变性、平移无关性、缩放无关性、区间稳定性、总量恒定性若干性质。结合本章所选择的指标及其数据，在这里选择 Z-score 标准化方法较为合理。

$$x_{ij}^* = \frac{x_{ij} - \bar{x}_j}{s_j} \qquad (4-10)$$

$\bar{x}_j$、$s_j(j=1,2,3,\cdots,m)$ 分别为第 j 项指标观测的（样本）平均值和（样本）均方差，x_{ij}^* 称为标准观测值。处理过后的样本均值为 0，方差为 1，保持原始数据的单调性、差异比不变性、平移无关性、缩放无关性、区间稳定性、总量恒定性等性质。

4.4.6 指标体系及权重的确定

表 4-2 指标体系及权重

总目标层	准则层	权重	指标层	权 重
节约型社会评价	资源利用效率指标	0.135 768	水资源使用效率	0.036 78
			土地资源使用效率	0.022 48
			耕地资源使用效率	0.025 29
			能源使用效率	0.051 22
	资源消耗指标	0.082 882	人均用水量*	0.036 14
			人均生活用电量*	0.046 74
	污染排放强度指标	0.160 026	每万元工业产值废水排放量*	0.032 83
			每万元工业产值废气排放量*	0.033 77
			每万元工业产值固体废弃物排放量*	0.034 73
			单位 GDP 二氧化硫排放量*	0.028 52
			单位 GDP 化学需氧量排放量*	0.030 18
	环境治理与循环利用指标	0.176 228	废气综合处理率	0.040 69
			废水排放达标率	0.036 93
			固体废弃物综合利用率	0.049 28
			三废综合利用产品产值占 GDP 比重	0.049 34
	经济发展指标	0.103 508	人均 GDP	0.037 29
			第三产业比重	0.038 80
			高新技术产业比重	0.033 98

续表

总目标层	准则层	权重	指标层	权　重
节约型社会评价	社会进步指标	0.135 36	居民恩格尔系数 城市居民人均可支配收入 农村居民人均可支配收入 万人卫生机构床位数 万人公共汽车数	0.022 48 0.025 29 0.026 78 0.021 22 0.039 59
	创新支撑指标	0.206 228	R&D 支出占 GDP 比重 每万人申请专利数 每万人拥有的科研人员数 每万人高校人数	0.060 69 0.046 93 0.049 28 0.049 34

4.5　运算结果及分析

考虑到我国各个省份的现实状况和面临的问题差异巨大,许多省份之间的资源节约水平不具有可比性。因此,我们挑选北京、天津、河北、山东、江苏、上海、浙江、福建、广东 9 个社会经济发展程度较高且自然环境较相似的东部沿海省(市)来做更深入的比较分析。以下是这 9 个省(市)2011 年的节约程度排名,见表4-3和图4-1。

表 4-3　东部 9 省(市)2011 年资源节约程度得分明细

地区	资源利用效率	资源消耗	污染排放强度	环境治理与循环利用	经济发展	社会进步	创新支撑	综合评价	综合评分
北京	0.70	0.79	2.32	−0.42	2.48	2.22	3.72	1.78	100.00
上海	0.91	−0.76	1.39	0.04	2.35	1.97	1.51	1.11	71.62
天津	0.34	0.79	1.67	0.30	1.32	0.89	1.38	0.97	65.75
浙江	−0.12	−0.43	0.91	1.82	0.43	0.74	0.69	0.70	54.27
江苏	0.02	−0.88	0.65	0.86	1.50	0.35	1.11	0.62	50.70
广东	−0.19	−0.44	1.22	−0.13	1.68	−0.02	0.18	0.32	38.06
山东	0.20	0.45	0.39	0.77	0.11	−0.08	0.04	0.27	36.11
福建	−0.18	−0.57	0.25	0.04	0.30	−0.09	−0.08	−0.02	23.78
河北	0.26	0.15	−0.28	0.28	−0.61	−0.52	−0.47	−0.18	17.14

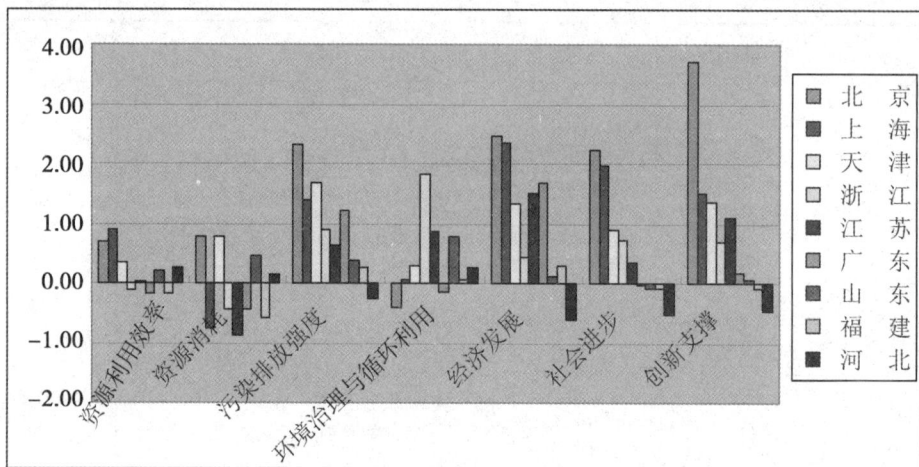

图 4-1 东部 9 省(市)2011 年资源节约程度排名

从表 4-3 和图 4-1 中可以看出,北京的资源节约水平最高,且与其他省(市)差距明显。基于准则层的得分,北京的优势在于两点:

(1)创新能力强。这与北京作为首都,手中拥有的科技资源要远远多于其他省(市)有着密切关联。北京的 R&D 支出占 GDP 比重达到了 5.76%,远高于排名第二的上海 3.11%;北京的每万人科研人员数量为 47.58 人,而排名第二的上海这一指标仅为 11.96 人。

(2)污染排放强度较低。虽然单位废水排放指标较高,但单位废气、单位固体废物、单位 SO_2 排放方面均低于平均水平,这可能与 2008 年北京奥运会前的重污染企业大规模外迁有关。

由此,北京的高得分主要来自于科研方面的投入和污染排放的减弱,在社会进步、经济发展、资源利用效率和资源消耗方面优势不明显,在环境治理与循环利用方面甚至低于全国平均水平。

江苏在我国东部 9 个较发达省(市)中排在中游水平,并且与排名第一的北京差距较大,从数据排名中可以总结出以下几个突出的方面:

创新支撑指标与北京、上海、天津等发达省(市)仍有差距。江苏的创新支撑排名虽超过了全国的大部分地区,但得分仅为排名第一的北京的 1/3,为排名第二的上海的 2/3,差距很明显。

在资源利用效率方面,江苏仅相当于全国平均水平。江苏的单位水资源产出为 88.94 元/立方米,与江苏紧邻的上海这一指标达到了 152 元/立方米,北京的这一指标更是达到了 461.75 元/立方米。

在资源消耗方面江苏排在 9 个省(市)的末位。江苏人均年用水量达到了704.4 立方米,几乎为北京的 4 倍;人均用电量也远超过全国平均水平。

江苏的优势在于环境治理和循环利用方面,得分仅次于浙江省排名第二,在废水排放达标率、废气综合处理率和固体废弃物综合利用率方面均领先全国,但三废利用产值占 GDP 比重 0.45% 仅为浙江省 0.88% 的一半,是双方差距的最主要来源。

接下来对比 9 个省(市)2005 年的数据排名,见表 4-4 和图 4-2。

表 4-4　东部 9 省(市)2005 年资源节约程度得分明细

地区	资源利用效率	资源消耗	污染排放强度	环境治理与循环使用	经济发展	社会进步	创新支撑	综合评价	综合评分
北京	1.51	0.11	1.85	−0.07	2.39	2.22	3.47	1.67	100.00
上海	1.58	−0.96	0.71	−0.18	1.83	2.03	1.78	1.02	76.83
天津	0.63	0.13	0.36	0.21	1.47	0.94	1.30	0.74	65.14
江苏	0.77	−0.78	0.72	0.72	0.47	0.18	0.32	0.39	48.93
浙江	0.81	−0.54	0.02	0.59	0.14	0.53	0.47	0.37	45.15
广东	0.95	−0.59	0.39	−0.28	1.15	0.25	0.24	0.27	41.69
山东	0.44	0.37	0.18	0.61	−0.42	−0.08	−0.06	0.17	37.89
福建	0.68	−0.47	−0.08	−0.10	0.24	0.02	−0.14	0.03	31.80
河北	−0.24	0.01	−0.31	0.21	−0.58	−0.34	−0.35	−0.20	24.18

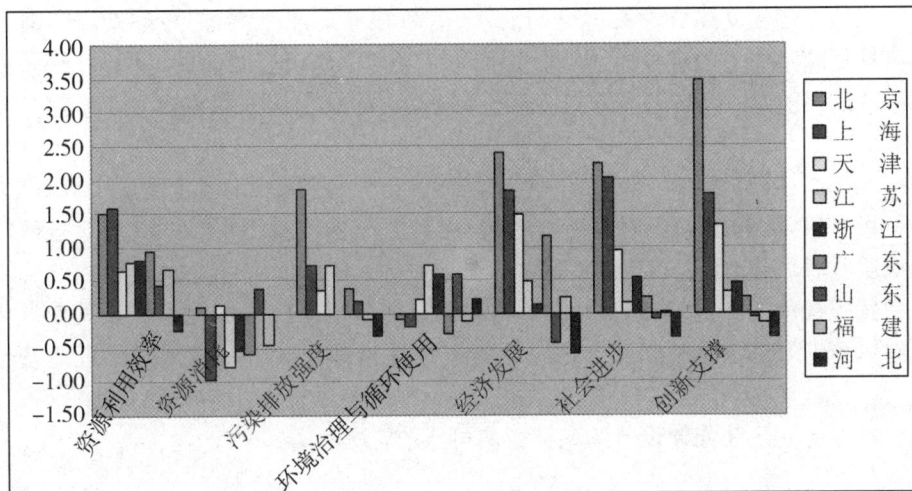

图 4-2　东部 9 省(市)2005 年资源节约程度排名

对比 6 年间的数据可以发现,各省(市)节约程度总体来说是呈上升趋势的,河北、广东、福建三省的得分出现小幅下降,可能跟重工业搬迁和一批工业项目上马有很大关系。北京的节约程度牢牢地占据着我国首位，且优势明显，虽然污染排放强度和经济发展方面的得分优势有所缩小，但北京在巩固创新支撑方面的优势有效地弥补了这一损失。

对比江苏在两个年份的表现，可以得出以下几点结论：

2005-2011年，虽然江苏的节约综合评价得分提高了4.47，但排名却下降了一位，被浙江省超越。在资源利用效率方面，单位用水GDP产出由2005年的35.22元上升到2011年的88.94元；单位土地资源产出由原来的91.97元提升到145.87元；单位标准煤产出由1.08元上升到2.04元，提高幅度较大。

资源消耗方面江苏的得分一直较低，特别是人均用水量，不管是2005年的697.4立方米/人，还是2011年的704.4立方米/人，均远超其他省份。对比两个年份的数据，在其他省份节水效果显著的情况下，江苏的水资源浪费现象显得尤为突出。

与2005年相比，江苏的环境治理与循环利用水平与全国水平基本持平，而经济发展成果尤为显著，人均GDP由2005年的24 560元上升到2011年的62 290元；第三产业比重提升至42.4%；高新产业比重提升至39.68%。

在社会进步指标上江苏经历了小幅度增长，但和北京、上海、浙江相比仍有不小的差距。具体来看，江苏在收入提高方面成果显著，6年间城镇居民和农村居民的收入都实现了倍增，同时基尼系数有1%的小幅下降至36.1%；万人卫生机构床位数由2005年的26.4张提高到2011年的37.5张，增幅为42%；2011年江苏万人拥有公共汽车数为185.2辆，比2005年的110.8辆提高了75辆。

江苏在创新支撑方面的得分与北京、上海相差仍然较大，但考虑到江苏对教育科技资源吸引力的现实情况，这6年间的进步还是相当明显的。R&D经费支出占GDP比重由1.47%上升到2.17%；每万人高校在校人数也由150人提高至210人。

综上所述，虽然在大部分指标层上江苏的得分有所提高，但幅度较小，以至于综合排名下降，被发展更快的浙江超越，而且在人均用水、单位GDP废气排放等指标层有恶化趋势，不得不引起警惕。

省际视角下，江苏节约型社会的构建仍有待进一步加强。除了借鉴其他省份已有的经验，更要重视自身有相应恶化征兆的指标，找准原因，对症下药。基于此，本书将继续基于区域视角，对省内13个地级市做进一步的横向对比分析，以期更直观地发现江苏建设节约型社会的可供改进之处。

第五章　基于省内视角的江苏建设节约型社会评价分析

5.1　基于省内视角节约型社会综合评价指标体系的构建

5.1.1　指标的选取

根据第二章对节约型社会内涵的分析以及第四章中评价指标体系的构建原则,结合江苏经济社会发展的特征以及资源现状和使用情况,本章以节约型社会评价为总目标层,以资源利用效率指标、资源消耗指标、污染排放强度指标、环境治理与循环利用指标、经济发展指标、社会进步指标和创新支撑指标 7 个分项为准则层,构建了 27 个指标,每个指标隶属于一个准则层,它们构成了指标体系的最底层,是对准则层的具体细化。节约型社会综合评价指标体系见表 5-1。

表 5-1　节约型社会综合评价指标体系

总目标层	准则层	指标层
节约型社会评价	资源利用效率指标	水资源使用效率 土地资源使用效率 耕地资源使用效率 能源使用效率
	资源消耗指标	人均用水量* 人均生活用电量*
	污染排放强度指标	每万元工业产值废水排放量* 每万元工业产值废气排放量* 每万元工业产值固体废弃物排放量* 单位 GDP 二氧化硫排放量* 单位 GDP 化学需氧量排放量*
	环境治理与循环利用指标	废气综合处理率 废水排放达标率 固体废弃物综合利用率 三废综合利用产品产值占 GDP 比重

续表

总目标层	准则层	指标层
节约型社会评价	经济发展指标	人均 GDP 第三产业比重 高新技术产业比重
	社会进步指标	居民恩格尔系数 城市居民人均可支配收入 农村居民人均可支配收入 万人卫生机构床位数 万人公共汽车数
	创新支撑指标	R&D 支出占 GDP 比重 每万人申请专利数 每万人拥有的科研人员数 每万人高校人数

注：此表与表 4-1 一致。

5.1.2 指标体系及权重的确定

表 5-2 指标体系及权重

总目标层	准则层	权重	指标层	权重
节约型社会评价	资源利用效率指标	0.135 768	水资源使用效率	0.036 78
			土地资源使用效率	0.022 48
			耕地资源使用效率	0.025 29
			能源使用效率	0.051 22
	资源消耗指标	0.082 882	人均用水量*	0.036 14
			人均生活用电量*	0.046 74
	污染排放强度指标	0.160 026	每万元工业产值废水排放量*	0.032 83
			每万元工业产值废气排放量*	0.033 77
			每万元工业产值固体废弃物排放量*	0.034 73
			单位 GDP 二氧化硫排放量*	0.028 52
			单位 GDP 化学需氧量排放量*	0.030 18
	环境治理与循环利用指标	0.176 228	废气综合处理率	0.040 69
			废水排放达标率	0.036 93
			固体废弃物综合利用率	0.049 28
			三废综合利用产品产值占 GDP 比重	0.049 34

总目标层	准则层	权重	指标层	权重
节约型社会评价	经济发展指标	0.103 508	人均 GDP	0.037 29
			第三产业比重	0.038 80
			高新技术产业比重	0.033 98
	社会进步指标	0.135 36	居民恩格尔系数	0.022 48
			城市居民人均可支配收入	0.025 29
			农村居民人均可支配收入	0.026 78
			万人卫生机构床位数	0.021 22
			万人公共汽车数	0.039 59
	创新支撑指标	0.206 228	R&D 支出占 GDP 比重	0.060 69
			每万人申请专利数	0.046 93
			每万人拥有的科研人员数	0.049 28
			每万人高校人数	0.049 34

5.2 基于省内视角江苏节约型社会评估分析(2011 年)

对省内各地级市的节约程度评价分析,仍旧使用和上文相同的方法得出 13 地级市的节约型社会评价得分排名,见表 5-3 和图 5-1。

表 5-3 江苏省下辖 13 地级市 2011 年资源节约程度得分明细表

地 区	资源利用效率	资源消耗	污染排放强度	环境治理与循环利用	经济发展	社会进步	创新支撑	综合评价	综合评分
苏州市	0.90	−1.39	0.07	0.38	0.88	1.60	0.73	0.55	100.06
无锡市	0.58	−0.85	0.82	0.01	0.77	1.26	0.37	0.43	88.78
常州市	0.91	−0.88	0.39	0.21	0.50	0.64	0.58	0.39	79.96
南京市	−0.41	−1.27	−0.48	−0.24	1.27	0.59	1.68	0.27	72.17
镇江市	0.00	−0.32	−0.15	−0.05	0.43	0.35	0.21	0.08	46.42
南通市	−0.52	−0.42	1.04	−0.02	−0.15	−0.14	−0.20	−0.09	28.54
扬州市	0.15	−0.20	1.27	−0.70	0.39	−0.12	−0.35	−0.06	27.50
徐州市	0.22	0.89	−0.20	−0.05	−0.37	−0.77	−0.68	−0.20	20.25

地　区	资源利用效率	资源消耗	污染排放强度	环境治理与循环利用	经济发展	社会进步	创新支撑	综合评价	综合评分
泰州市	0.25	0.90	−0.57	−0.76	−0.08	−0.41	−0.34	−0.22	15.04
连云港市	−0.55	0.96	−0.11	−0.29	−0.51	−0.66	−0.25	−0.25	12.19
宿迁市	−0.73	1.58	−0.78	0.11	−1.38	−0.82	−0.36	−0.34	9.35
盐城市	−0.45	0.59	−0.56	0.18	−0.98	−0.91	−0.44	−0.35	6.74
淮安市	−0.36	0.41	−0.77	0.22	−0.78	−0.60	−0.94	−0.40	1.56

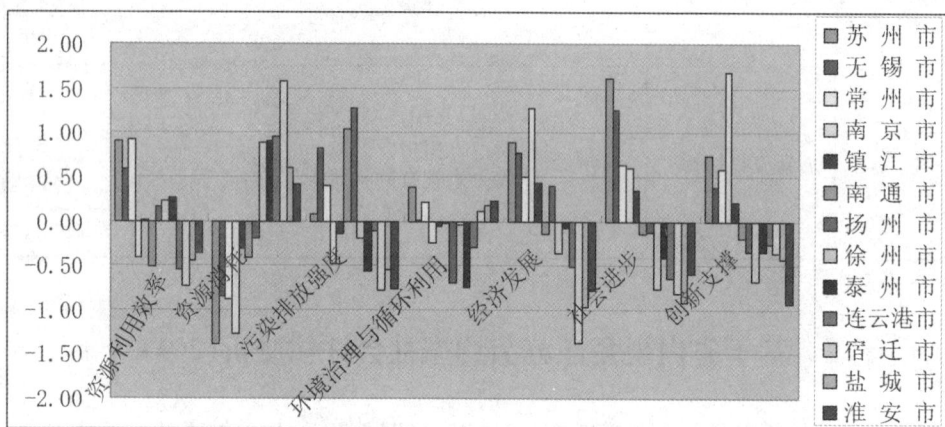

图 5-1　江苏省下辖 13 地级市 2011 年资源节约程度排名

苏州的节约水平在江苏处于领先地位，在资源消耗、环境治理与循环利用和社会进步三个准则层都表现优秀，在资源利用效率、经济发展和创新支撑方面都位于前列，这是由于苏州地区经济发达、工业化程度高、人民生活富裕、自古重视教育等原因。

从区域来看，江苏内部节约程度层级差异巨大，因此下文将江苏分为苏南、苏中和苏北三个部分来总结。

（1）苏南 5 市节约水平远高于苏中 3 市，苏中 3 市又要明显超过苏北 5 市。苏州、无锡、常州、南京和镇江分列 1-5 位，这也基本与这 5 市的经济发展水平序列相同，苏南 5 市的经济发展和社会进步指标在江苏是遥遥领先的，人均能源消费量也是非常大的，R&D 经费支出占 GDP 的比重是比较高的，说明这几个城市比较重视科技的发展，为未来积蓄了发展的潜力。

（2）位于苏中地区的扬州、泰州和南通的排名分别为第 7、第 9 和第 6，它们的经济发展水平和社会进步程度在江苏都位于中等水平，与苏南地区的差距主要体现在创新能力的缺失。R&D 经费支出占比、万人科研人员数虽然和苏北地区相比具有整体优势，但和苏南地区有较大差距；在资源利用效率、资源消耗和污染排放强度方面普遍表现不佳，这说明苏中地区多集中了高能耗和高污染排放的产业，维持经济增长需要消耗大量的能源。

（3）徐州、连云港、淮安、盐城和宿迁，它们集中分布在江苏北部地区，在经济发展、社会进步、创新支撑和污染排放方面的得分相近，都处于全省中下游水平。在资源消耗方面表现稍好，节水节电程度较高。

5.3 基于省内视角江苏节约型社会评估分析(2005 年)

受统计资料的限制，部分城市的部分指标数据有空缺，考虑到城市数据的相似性，空缺的数据分别由其所在城市的平均值代替。见表 5-4 和图 5-2。

表 5-4 江苏省下辖 13 地级市 2005 年资源节约程度得分明细表

地区	资源利用效率	资源消耗	污染排放强度	环境治理与循环利用	经济发展	社会进步	创新支撑	综合评价	综合评分
无锡市	−0.10	−0.51	0.81	0.23	0.96	1.41	1.04	0.58	100.00
苏州市	−0.30	−0.98	0.07	0.36	0.90	1.15	1.24	0.45	86.15
南京市	−0.82	−1.21	−0.87	−0.27	1.68	0.70	1.48	0.18	58.23
常州市	−0.75	−0.87	−1.07	0.82	0.40	0.63	0.81	0.15	55.39
南通市	0.60	−0.44	1.33	−0.10	−0.26	−0.08	−0.33	0.05	44.77
镇江市	−0.40	−0.65	0.00	−0.01	0.21	0.42	0.24	0.01	39.88
宿迁市	1.08	2.20	−0.22	−0.13	−1.16	−0.95	−0.86	−0.10	28.94
徐州市	−0.30	0.37	0.51	0.50	−0.51	−0.82	−0.51	−0.13	24.97
泰州市	0.25	0.02	−0.17	−0.10	−0.28	−0.17	−0.56	−0.16	21.95
扬州市	0.34	−0.18	−0.11	−0.50	−0.17	−0.15	−0.35	−0.19	19.06
盐城市	0.42	0.61	0.20	−0.08	−0.61	−0.76	−0.80	−0.21	17.06
淮安市	−0.13	1.21	−0.18	−0.11	−0.72	−0.67	−0.77	−0.26	11.20
连云港市	0.11	0.44	−0.30	−0.62	−0.44	−0.70	−0.64	−0.37	−0.10

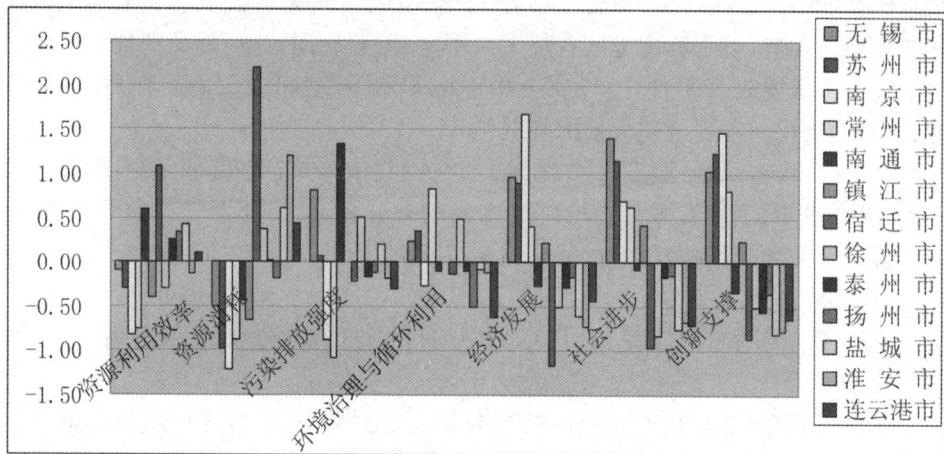

图 5-2　江苏省下辖 13 地级市 2005 年资源节约程度排名

对比 13 市 2005 年和 2011 年的节约程度得分明细可以发现，尽管城市内部排名有一些变化，6 年间江苏的地区梯级差异一直很明显，而且苏南地区的节约程度与其他地区的差距有逐渐扩大的趋势。

(1)苏南 5 市在环境治理、经济发展、社会进步和创新支撑方面一直保持着强劲的势头，牢牢占据了排行榜的前几位，这与苏南地区良好经济基础和深厚的文化底蕴是分不开的。在资源利用效率和污染排放强度两个准则层也有很大的提高，这说明一方面近些年来苏南地区有效地改进了生产技术，提高了生产效率；另一方面苏南 5 市的部分工业产业已由服务业所替代，这从它们的第三产业比重大幅提升可以看出。至于苏南 5 市的资源消耗，不管是人均用水还是人均用电都有持续上升的趋势，其原因可能是由于苏南 5 市经济增速快，人民生活水平也随之持续提高，从而导致生活用水量、用电量上升。

(2)苏中 3 市的整体排名和得分都有所上升，这主要得益于 3 市在节能减排上做出的努力。由表 5-3 和表 5-4 中数据可得，泰州的资源消耗指数由 2005 年的 0.02 上升到了 2011 年的 0.90，而扬州的污染排放强度指数则由 2005 年的负值上升到了 2011 年的 1.27，不过苏中 3 市在环境治理与循环利用上还需加大实施力度和投入，3 市的该项指标呈现出下降的趋势。

(3)纵观苏北的统计数据，可以看出 2005 年到 2011 年苏北 5 市综合排名整体在下降，其中宿迁下降幅度最大。导致宿迁社会节约程度排名下降的主要原因可以归结为资源利用效率的降低和污染程度的加大。2005 年宿迁资源利用效率、资源消耗和污染排放强度得分分别是 1.08、2.20、−0.22，而 2011 年相应的得分则分别减少到了−0.73、1.58、−0.78，为此宿迁建立节约型社会的政策措施应该重点放在节能减排上。虽然苏北整体得分情况下降，但连云港综合排名却逐步上升。连云港在资源和环境各项指标上的得分都取得了明显的进步,其社会经济各项指标也都取得了一定的进展,为此苏北其他各市应该借鉴连云港的发展经验,以期在社会经济和环境保护等方面取得全面发展。

省内视角下,13个地级市的节约型社会发展现状显示出和现实经验较为吻合的情况。为了进一步获得更加具体的政策制定依据,下一章将从区域视角转向行业视角,对江苏建设节约型社会进行行业层面的探讨,以期用更细化的视角发现当前存在的问题,并给出政策建议。

第六章 基于行业视角的江苏建设节约型社会的能源消耗分析

节约型社会所大力倡导的主要节约对象之一就是资源，而在资源中，与社会公众联系最为紧密同时也最为熟悉的就是能源。有效把握江苏当前的能源消耗现状、提升能源利用效率、弥补能源使用漏洞，对构建节约型社会将起到直接而关键的作用。

6.1 国内外能耗研究的文献综述

目前国内对能耗的研究以我国整体能耗和区域能耗为两个主要的研究方向。下面分别阐述有关我国整体能耗和江苏能耗的相关文献，并作简要评述。

关于我国整体能耗的文献从能耗与经济发展的关系、能耗强度影响因素、能耗结构等视角来展开。从能耗与经济发展关系的角度出发，栾贵勤等(2013)比较分析了美国、日本及中国能耗同经济发展的相关性，探索了中国的能耗状况与经济增长模式；刘志雄和梁冬梅(2011)研究了我国低碳经济发展的能耗现状，并进行了国际比较；韩亚芬(2007)从时空两方面对能源效率和经济发展的关系进行了实证研究。以能耗强度影响因素为研究方向，刘佳骏等(2011)从空间角度探讨产业结构变动对区域能源效率提高的贡献；王玉潜(2003)指出能耗强度的影响因素可归纳为技术因素和结构因素。姜磊(2010)则基于能耗结构估算了石油、煤炭等能源利用效率。

江苏作为我国重要的省份之一，也是本章节的主要研究对象，其能源消耗得到了大量学者的关注。尹敬东和代秀梅(2009)以江苏 2005 - 2007 年的数据为样本考察能源消耗情况，发现技术效率的提高对于降低单位 GDP 能耗有着重要的作用，另外，能源价格和产业结构对能耗强度也有着显著的影响。王迪和聂锐(2010)利用指数分解技术，分析了经济增长、技术进步、能源结构和产业结构对节能减排的作用，其中技术进步和经济增长的规模效应是促进江苏节能减排的主要原因。王圣等(2011)在对江苏沿海地区(南通市、盐城市和连云港市)1999 - 2008 年能耗的研究过程中，认为经济发展对碳排放的影响最大，并且两者表现出三次方曲线模型。陈丽珍和杨魁(2013)则是将能耗和 CO_2 排放量纳入生产函数中来计算江苏工业的生产率，发现能耗和碳排放是江苏工业发展的主要阻力。

同时,江苏地处长三角,因此经常会与长三角地区的其他省市进行比较研究。邹沛思和贺灿飞(2011)分解了长三角地区 1995 - 2007 年的能源强度。整体来看,长三角地区的能源强度都受到技术进步、产业结构和工业经济发展状况的影响,但是长三角地区内部也存在着差异,比如产业结构的调整并不能降低江苏的能源强度,但是在上海却是成立的。张伟和吴文元(2011)也运用指数分解法分析了长三角地区能耗强度的影响因素,而且其指标的划分更为细致,并提出调整产业结构是提高能源效率的有效途径。而翟石艳和王铮(2013)则探讨了长三角地区 1990 - 2010 年碳排放与经济发展之间的关系,认为两者短期无关但是长期相关。

通过对文献的回顾我们发现:首先,对江苏地区的能耗分析中鲜有文献从细分制造业的角度进行分析,多是将制造业作为整体进行研究;其次,研究江苏的文献多是分析能源直接消耗,而与产业关联相关的间接能耗分析的不多。于是,我们从细分行业的视角入手,对江苏地区的能耗进行深入分析,为江苏的节约型社会建设提供政策参考。

6.2 研究模型及方法

6.2.1 投入产出模型

价值型投入产出模型反映各部门产品生产和分配使用的情况,并建立最终产品与总产品之间的平衡关系,其基本模型可以由矩阵表示为:

$$X = AX + Y = (I-A)^{-1}Y \tag{6-1}$$

(6-1)式中,I 表示单位矩阵;$X=(x_i)$ 表示国民经济各个部门的总产出;$Y=(y_i)$ 表示社会的最终需求;$A=(a_{ij})$ 表示直接消耗系数矩阵;$(I-A)^{-1}$ 表示里昂惕夫逆矩阵。其中 a_{ij} 为直接消耗系数,表示生产第 j 部门单位总产出对第 i 部门产品的直接消耗量,公式如下:

$$a_{ij} = \frac{x_{ij}}{X_j} \quad (i、j = 1,2,\cdots,n) \tag{6-2}$$

(6-2)式中,X_j 为第 j 部门的总产出,x_{ij} 为第 j 部门对第 i 部门的直接消耗量。

b_{ij} 表示完全消耗系数,指生产 j 部门单位总产出对第 i 部门产品的直接消耗量与间接消耗量的总和。$B=(b_{ij})$ 表示完全消耗系数矩阵,计算公式如下:

$$B = (I-A)^{-1} - I \tag{6-3}$$

6.2.2 能源投入产出模型

根据能源投入产出表中的各种平衡关系,引进第 j 行业的能耗定额(直接能耗系数)e,可建立能源投入产出模型：

$$E = eX = e(I - A)^{-1}Y \qquad (6-4)$$

式(6-1)和式(6-4)构成了能源投入产出分析模型。

6.2.3 行业能耗强度分析指标

投入产出技术在能源研究中的应用非常广泛。本章对国民经济部门能耗特性进行研究,采用直接能耗系数、完全能耗系数评价江苏不同行业的能耗强度。

直接能耗系数：反映各部门在生产本部门产品过程中的直接能耗强度。对第 j 部门而言,直接能耗系数 e_j 可采用以下公式得到：

$$e_j = \frac{E_j}{X_j} \qquad (6-5)$$

式中：E_j 为第 j 个部门的能耗量,X_j 是第 j 个部门的总产出。

完全能耗系数：反映一个部门增加单位最终产品,整个经济体系总能耗量的增加量。对第 j 部门而言,完全能耗系数 $\bar{e}_j$ 可采用以下公式得到：

$$\bar{e}_j = e(I - A)^{-1} \qquad (6-6)$$

6.3 基于长三角经济圈的江苏制造业能耗对比分析

6.3.1 长三角能耗的整体分析

这部分以 2000 - 2011 年上海、江苏和浙江两省一市的地区生产总值、能耗总量、能耗强度作为观察指标进行分析,所用数据来源于 2001 - 2012 年《中国统计年鉴》、《中国能源统计年鉴》。

从长三角整体来看,2000 - 2011 年长三角地区生产总值由 19 170 亿元增加到 100 625 亿元,年平均增长 35.41%,显著高于全国平均水平。与此同时,长三角的能耗总量也从 2000 年的 20 672 万吨标准煤上升到了 2011 年的 56 686 万吨标准煤,平均增长速度为 14.52%。2000 - 2011 年期间,虽然长三角地区生产总值增长率整体要高于能耗增长率,但从 2001 年开始,能耗的增长率也在大幅提高,连续 4 年增长速度超过 10%,2002 年甚至超过了同期地区生产总值的增长速度。主要原因是该时期基础设施投资持续加大,房地产、汽车工业快速发展,导致许多高能耗行业在工业中的比重明显上升。总体上长三角地区生产总值增长和能耗增长是同步的,即能耗是经济增长的重要来源,能源为长三角地区工业化和城市化的持续推进提供了重要保障。

就经济增长而言,2000 年到 2011 年江苏地区生产总值一直位居榜首,浙江紧随其后,上海列在第三位。就能耗而言,上海的能耗总量相对较低,且进入 2004 年之后一直低于全国平均能耗水平,而江苏和浙江两省则都高于全国平均水平。江苏拥有最高的地区生产总值,但其耗费的能源也是最多的。

从能耗强度(单位产值所消耗的能源量)来看,2000 年以来长三角能源强度有了明显改善,且每年都低于全国平均水平。由表 6-1 可知,2000-2011 年上海的能耗强度从 1.21 吨标准煤/万元减少到 0.59 吨标准煤/万元,下降幅度达 51.23%,江苏的能耗强度从 1 吨标准煤/万元减少到 0.56 吨标准煤/万元,下降了 44%,而浙江的能耗强度从 1.09 吨标准煤/万元减少到 0.55 吨标准煤/万元,下降了 49.54%。由此可以看出,进入 21 世纪以后,长三角地区能耗强度降低,能源利用效率提高的趋势愈加明显,能源强度已呈现收敛的趋势。

表 6-1 2000-2011 年长三角地区生产总值、能耗总量及能耗强度

年份	地区生产总值 (亿元)			能耗总量 (万吨标准煤)			能耗强度 (吨标准煤/万元)		
	上海	江苏	浙江	上海	江苏	浙江	上海	江苏	浙江
2000	4 551	8 583	6 036	5 500	8 612	6 560	1.21	1.00	1.09
2001	5 210	9 457	6 898	5 499	8 612	6 560	1.06	0.91	0.95
2002	5 741	10 607	8 004	6 249	9 609	8 280	1.09	0.91	1.03
2003	6 694	12 443	9 705	6 796	11 060	9 523	1.02	0.89	0.98
2004	8 073	15 004	11 649	7 406	13 652	10 825	0.92	0.91	0.93
2005	9 164	18 306	13 438	8 225	17 167	12 032	0.9	0.94	0.9
2006	10 366	21 645	15 743	8 876	19 041	13 219	0.86	0.88	0.84
2007	12 189	25V741	18 780	9 671	20 948	14 524	0.79	0.81	0.77
2008	13 698	30 313	21 487	10 207	22 232	15 107	0.75	0.73	0.7
2009	15 046	34 457	22 990	10 367	23 709	15 567	0.69	0.69	0.68
2010	17 166	41 425	27 722	11 201	25 774	16 865	0.65	0.62	0.61
2011	19 196	49 110	32 319	11 270	27 589	17 827	0.59	0.56	0.55

6.3.2 江苏分行业的能耗分析

下面将经济总量划分为第一、二、三产业,对江苏的能耗情况进行分析(参见表 6-2),并辅以上海、浙江两省市进行参照。其中第一产业为农、林、牧、渔、水利业。第二产业为工业和建筑业。第三产业为交通运输、仓储和邮政业,批发和零售业,住宿和餐饮业,生活消费以及其他。

总体上长三角第三产业发展迅速，三产比重呈现出第一、第二产业下降，第三产业上升的趋势。其中，江苏第一、第二产业比重都高于其他两个省市，而上海的第一、第二产业比重最低，浙江居中；上海第三产业较发达，比重明显高于苏、浙两省；相对而言，江苏第三产业比重略低。

在三次产业能耗中，第二产业的能耗量最大。2011 年上海、江苏、浙江的第二产业能耗占能耗总量比重分别为 56.9%、81%、73%，而在第二产业中，工业又是能耗的主力，2011 年上海、江苏、浙江的工业能耗量依次为 6 008.4 万吨标准煤、22 013.3 万吨标准煤、7 703.4 万吨标准煤，分别占能耗总量的 54.9%、79.8%、71.1%。由此看来，相比浙江与上海，江苏推进节能减排已刻不容缓，其中第二产业无疑是重点，而工业则是重点中的重点。

2011 年上海、江苏、浙江的第三产业占 GDP 的比重分别为 57.1%、42.4%、43.9%，第三产业能耗占能耗总量的比重分别是 42.5%、17.4%、25%。

从能耗强度可以看出，2011 年浙江总体的能耗强度最低。江苏的能耗强度较高，源于江苏的第二产业能耗强度 0.89 吨标准煤/万元是浙江 0.48 吨标准煤/万元的近两倍。江苏在减少第二产业的能耗强度上，需要采取强有力的措施以提升能源的利用效率，减少对能源的过度依赖。

表 6-2　2011 年江苏、上海、浙江分行业能耗对比分析

行　业	产值比重（%）			能耗比重（%）			能耗强度（吨标准煤/万元）		
	上海	江苏	浙江	上海	江苏	浙江	上海	江苏	浙江
第一产业	1.6%	6.3%	4.9%	0.6%	1.6%	2.0%	0.21	0.15	0.14
第二产业	41.3%	51.3%	51.2%	56.9%	81.0%	73.0%	0.78	0.89	0.48
第三产业	57.1%	42.4%	43.9%	42.5%	17.4%	25.0%	0.43	0.23	0.19
综　合	100%	100%	100%	100%	100%	100%	0.57	0.57	0.34

注：产值比重指该产业增加值占 GDP 的比重，能耗比重指该产业能源消耗占当年能源总消耗的比重，能耗强度指该产业能源消耗除以该产业增加值。

6.3.3　江苏制造业细分行业的能耗对比分析

上面分析虽然可以了解到江苏的分行业能耗情况，但相对粗略的行业划分无疑减弱了研究结论的针对性，因此有必要使用二分位行业做进一步的分析。

从各行业占制造业总产值比重来看，上海的主要行业为通信设备计算机及其他电子设备制造业、通用专用设备制造业、化学工业、交通运输设备制造业等。江苏的主要行业包括通信设备计算机及其他电子设备制造业、化学工业、金属冶炼

及压延加工业等,其产值比重都超过 10%。与上海和江苏相比,浙江的产业结构明显偏"轻",浙江轻工业 42% 的占比远远超过了上海的 22%、江苏的 27%。如浙江纺织业产值比重较高,而在上海、江苏占据重要地位的通信设备计算机及其他电子设备制造业在浙江的比重仅为 4.49%。

由于省级单元的二分位行业能耗数据只有 2008 年的,与其最近年份的就是2007 年投入产出表。假设 2008 年产业技术结构与 2007 年相同,基于 2007 年两省一市的投入产出表和《中国经济普查年鉴 2008 能源卷》,计算出 2008 年上海、江苏、浙江制造业细分行业的直接能耗系数、完全能耗系数和能耗总量。结果见表 6-3。

表 6-3 江苏、上海、浙江 2008 年制造业能耗总量、
直接能耗系数和完全能耗系数

制造业部门	能耗总量（万吨标准煤）			直接能耗系数（吨标准煤/万元）			完全能耗系数（吨标准煤/万元）		
	上海	江苏	浙江	上海	江苏	浙江	上海	江苏	浙江
食品制造及烟草加工业	26	63	38	0.025	0.027	0.022	0.226	0.354	0.754
纺织业	50	867	1 089	0.123	0.173	0.224	0.640	0.848	1.704
纺织服装鞋帽皮革羽绒及其制品业	22	124	111	0.034	0.052	0.039	0.431	0.677	1.230
木材加工与家具制造业	8	19	60	0.025	0.024	0.049	0.475	0.694	1.384
造纸印刷及文教体育用品制造业	57	470	461	0.096	0.334	0.272	0.587	1.070	1.997
石油加工炼焦及核燃料加工业	1 097	338	338	1.150	0.338	0.365	1.368	1.329	0.446
化学工业	781	3 481	1 298	0.227	0.363	0.199	0.863	1.411	1.777
非金属矿物制品业	127	1 368	1 057	0.263	0.887	0.807	0.804	2.053	3.811
金属冶炼及压延加工业	1 379	3 612	762	0.594	0.470	0.263	1.359	1.685	2.357
金属制品业	49	227	111	0.052	0.097	0.055	0.821	1.315	1.895

	能耗总量（万吨标准煤）			直接能耗系数（吨标准煤/万元）			完全能耗系数（吨标准煤/万元）		
通用专用设备制造业	102	436	220	0.036	0.080	0.050	0.753	1.049	1.565
交通运输设备制造业	82	145	106	0.030	0.054	0.039	0.615	0.839	1.472
电气机械及器材制造业	40	171	100	0.022	0.038	0.032	0.667	1.032	1.548
通信设备计算机及其他电子设备制造业	71	274	52	0.012	0.032	0.026	0.583	0.718	1.297
仪器仪表及文化办公用机械制造业	5	23	15	0.014	0.026	0.035	0.533	0.786	1.402
工艺品及其他制造业	33	229	113	0.250	0.801	0.126	0.820	1.612	1.641
废品废料业	2	6	6	0.058	0.010	0.024	0.624	0.054	1.281

从绝对意义上的能耗总量来看，江苏的高能耗行业包括非金属矿物制品业、金属冶炼及压延加工业、化学工业，上海的高能耗行业有石油加工炼焦及核燃料加工业、金属冶炼及压延加工业，浙江的高能耗行业包括非金属矿物制品业、纺织业、化学工业。与上海和江苏相比，能耗总量高的石油加工炼焦及核燃料加工业、金属冶炼及压延加工业等行业在浙江的产值比重也相对较低。可见江苏节能减排任务更加艰巨，能耗总量高的行业也是产值比重高的行业。于是对以高能耗行业为主的产业结构进行调整和升级将是这两省一市节能减排的重点方向。

从相对意义的直接能耗系数来看，直接能耗系数较大的行业包括石油加工炼焦及核燃料加工业、金属冶炼及压延加工业、非金属矿物制品业、化学工业等。这些行业以加工型行业为主，能耗以煤炭和石油等化石燃料为主，因此这些行业的二氧化碳排放量也较大，需要作为节能减排的重点行业。以下行业的直接能耗系数较小：通信设备计算机及电子设备制造业、仪器仪表及文化办公用机械制造业、电气机械及器材制造业等，这些行业多以各类机械、器材和设备制造为主业。

各个行业的直接能耗系数存在地区差异。江苏直接能耗系数最大的行业是非金属矿物制品业，其值为 0.887 吨标准煤/万元，工艺品及其他制造业为 0.801 吨标准煤/万元，而废品废料业的直接能耗系数最小；上海的石油加工炼焦及核燃料加工业是两省一市所有行业中直接能耗系数最大的，为 1.15 吨标准煤/万元，金属冶炼及压延加工业的直接能耗系数为 0.594 吨标准煤/万元，其余制造业的直接能耗系数都小于 0.3 吨标准煤/万元，而通信设备计算机及其他电子设备制造业的直接能耗系数则是最小,仅为 0.012 吨标准煤/万元;浙江非金属矿物制品业的直接能耗系数最大,为 0.807 吨标准煤/万元,其余制造业的直接能耗系数都较小,其中食品制造及烟草加工业最小(见表 6-3)。

对比直接能耗系数和完全能耗系数可以看出,江苏各行业的完全能耗系数显著地大于其直接能耗系数,表明直接消耗系数并不能反映那些关联性强的行业使用其他行业的中间产品而造成的能耗增量,导致测算结果存在偏差,以致不能正确认识这些行业在整个能耗中的"贡献",从而无法提出合理的节能减排政策。具体来看,完全能耗系数较大的行业包括:非金属矿物制品业、金属冶炼及压延加工业、化学工业、金属制品业、通用专用设备制造业、工艺品及其他制造业等。完全能耗系数与直接能耗系数差距较大的行业包括:通信设备计算机及其他电子设备制造业、仪器仪表及文化办公用机械制造业、电气机械及器材制造业、交通运输设备制造业、通用专用设备制造业等。

通信设备计算机及其他电子设备制造业、仪器仪表及文化办公用机械制造业、电气机械及器材制造业较大的完全能耗系数说明这些行业与其各自上、下游产业联系十分紧密,伴随着的中间的能源投入也是巨大的,最终导致其完全能耗总量很大。这些行业的直接能耗系数都偏小,不容易引起政府的关注,但由于生产过程中各种资源型产品的中间消耗较大,导致这些行业的间接能耗总量较大。因此在推进节能减排的过程中,也需要重视产业关联,从统筹全局的角度降低通信设备计算机及其他电子设备制造业等行业的能耗强度。

6.4　本章小结

(1) 金属冶炼及压延加工业、化学工业、非金属矿物制品业、石油加工炼焦及核燃料加工业等加工型行业是长三角能耗总量、直接能耗系数和完全能耗系数均较大的行业,同时也是产值比重较高的行业。江苏作为长三角经济圈重要组成之一,更需要将以上行业作为节能减排的重点行业。江苏一方面要优化能耗结构,适当减少煤炭等化石能源的使用,增加可再生能源的比重;另一方面要鼓励开发和使用节能降耗技术,对产业内部的制造工艺进行改进,降低单位产品的化石能源使用量。此外,政府还应该颁布相应的政策法规,建立有效的激励机制和灵活的退出机制,例如对能耗、环境污染以及碳排放等征收一定税款,倒逼能耗较高行业进行技术革新和产品创新,同时积极引导部分产能较小、排放不达标准、生产技术落后的企业逐步退出上述行业。

(2) 尽管通信设备计算机及其他电子设备制造业、仪器仪表及文化办公用机械制造业、电气机械及器材制造业以及各类设备制造业等行业的直接能耗系数较小,但是这些行业在生产过程中对各类中间投入的资源性产品消耗大,使其能耗总量显著大于其他行业。这些"隐性高能耗行业"需要更加关注其产业间关联引致的较大能耗，从完全能耗的角度促进其节能减排。一方面，政府必须有针对性地对这些行业制定相应的节能减排措施，考虑并着重关注行业之间的联系，从统筹全局的角度降低通信设备计算机及其他电子设备制造业等行业的能耗水平；另一方面也要激励这些行业不断更新设备，采用先进节能技术和工艺，减少对高能耗产品的中间需求，从而更好地提高节能减排水平。

（3）一个不容忽视的事实是，江苏能耗总量、直接能耗系数和完全能耗系数高的行业也是产值比重高的行业，向低能耗行业为主的产业结构调整和升级应该作为江苏节能减排的方向。因此，江苏要进一步加强产业结构的调整力度，转变经济发展模式，一方面要把节约能源作为江苏产业结构调整的重要标准；另一方面要严禁实施高能耗和高污染的项目，淘汰能耗强度大、污染严重的落后产业。

第七章　基于行业视角的江苏建设节约型社会的水资源消耗分析

与第六章对能源消耗的探讨类似,在建设节约型社会进程中,水资源的使用情况也需要给予高度重视。随着经济的快速增长,人们对水资源的需求越来越大,水资源逐渐同石油、煤炭等不可再生资源一样,日益成为制约经济社会发展的重要要素。水资源也应当是建设节约型社会需要重点关注的资源之一。

7.1　国内外水资源研究的文献综述

水资源是人类生活、经济发展、工农业生产和环境改善不可替代的宝贵自然资源。从广义来说,水资源是指能够直接或间接使用的各种水和水中物质,对人类活动具有使用价值和经济价值的水均可称为水资源;从狭义来说,水资源是指基于一定的经济技术条件,人类可以直接利用的淡水,一般包括农业用水,工业用水和生活用水等。水资源作为经济社会发展的必不可少的资源保障,深刻影响着整个经济社会系统,是促进经济、人口、环境、资源的协调统一和可持续发展的要素支撑。当前,我国水资源总量虽然丰富,但人均与地均拥有量较少;时空分布不均匀;水资源与人口、耕地分布不匹配。自我国实行对外开放政策以来,经济快速发展,人口数量持续增长,工业化步伐不断推进,社会对水的强烈需求与水资源的日渐匮乏之间的矛盾愈演愈烈。我国"十三五"规划中明确提出建设节水型社会,"实行最严格的水资源管理制度,以水定产、以水定城,建设节水型社会。"所以,如何保护和合理配置水资源,提高水资源的有效利用率,实现水资源的循环可持续利用,促进经济的可持续发展,是当前建设节约型社会的重要任务。

国内、外众多学者对水资源利用状况已有多方面、多层次的研究。一些学者从宏观的视角进行分析。如吴丹(2014)认为正在加速减慢的用水总量增长速度将有望使水资源利用与经济发展呈现绝对脱钩状态;刘耀彬和陈斐(2007)指出水资源对城市化进程约束作用较大。但更多学者将研究重点放在产业与水资源消耗的关系上。Duarte 等(2002)和 Hassan(2003)分别对西班牙和南非各产业部门的用水状况进行了分析,指出分析部门用水特性时不能仅用直接用水系数、完全用水系数和关联度等指标,而应进行全面的分析;Sachidananda 等(2012)通过建立仿真模拟工具来分析美国农业、工业等部门耗水状况,并据此提出提高部门用水效率的建议;张宏伟等(2011)基于投入产出分析方法,对我国第一、第二产业水资源的消耗及间接拉动情况进行了分析;赵奥和武春友(2010)运用灰色关联分析和生态位适宜度模型,对我国 2000-2008 年农业、工业和生活部门耗水量进行了研究;孙才志等(2011)对中国三次产业用水量变化进行分解,并探讨其影响因素。对工业行业用水分析的文献中,陈东景(2008)和陈雯(2011)以新鲜水使用量为指标,对我国工业部门的水资源消耗进行了研究;Wu 等(2009)对美国石化行业的水资源消耗进行了分析。此外,也有学者对我国省级行政单元的水资源消耗进行了探讨。具体到江苏地区,赵晨等(2013)指出江苏水资源利用的主体是农业用水、工业用水和虚拟水贸易。

综合以上研究可以看到:水资源问题越来越受到社会的关注和学术界的重视,不论是从理论还是实证,从宏观视角还是区域视角或者具体到产业视角,学者对水资源做了大量的研究,但是由于数据的缺失,从我国省级层面对制造业二分位行业进行水资源消耗对比分析的文献较为少见(如赵晨等人的研究主要限于第一、第二、第三产业),而节水工作的开展最终要落实到特定的区域和具体的行业。因此从制造业细分行业的视角对特定区域水资源的消耗进行分析,有助于进一步把握和了解该区域水资源消耗状况,也有助于提出更具针对性的节水政策。

7.2 基于长三角经济圈的江苏水资源消耗总量分析

7.2.1 基于长三角经济圈的江苏水资源消耗总量分析

2000-2011 年间,上海、江苏和浙江年平均水资源消耗量分别为125.8 亿 m^3、561.7 亿 m^3 和206.3 亿 m^3。江苏的用水总量较高,分别是上海和浙江的 4.5 倍和2.7 倍。此外,上海和江苏的水资源消耗总量年平均增长率分别为 1.34% 和2.23%,而浙江基本为零。因此不论是从消耗总量或消耗增速来看,江苏的水资源消耗都相对高于上海和浙江。

水资源拥有量方面,上海和江苏年平均水资源总量为 34.8 亿 m^3 和401.1 亿 m^3,浙江水资源总量较为丰富,年平均水资源总量为 903 亿 m^3,分别是上海和江苏的26.6 倍和2.1 倍。结合两省一市的水资源消耗总量,浙江是在各个年份水资源存量都超过消耗量的省份,上海和江苏的情况与此相反,两省市所拥有的水资源远不能满足自身需求,每年都要通过其他渠道补充所需的水资源。其中,江苏 2011 年的水资源消耗总量与水资源总量相差 63.8 亿 m^3,同年,江苏引长江水量188.5 亿 m^3,其中,进入淮河流域 89.57 亿 m^3,长江两岸自用43.78 亿 m^3,进入太湖流域 55.28 亿 m^3。因此上海和江苏面临的水资源压力要高于浙江。

从以上的分析中可以看出,尽管上海、江苏和浙江同处长三角地区,但各省市水资源消耗总量和水资源拥有量存在较大差异。上海和江苏,尤其是江苏面临较大的水资源压力。

7.2.2 江苏第一、第二、第三产业水资源消耗量分析

由于难以获得上海、江苏和浙江的第一、第二和第三产业具体的水资源消耗数据,本章采取替代法,使用农业用水代替第一产业用水,工业用水代替第二产业用水,公共与居民生活用水代替第三产业用水。同样由于数据可得性问题,这部分只对2006-2011年的相关行业数据进行分析。表7-1列出了2006-2011年6年间上海、江苏和浙江不同产业平均用水数据。

第一产业用水方面,江苏6年间的平均用水量高达289.73亿 m^3 ,是上海和浙江第一产业用水量的17.14倍和2.98倍。从第一产业占用水总量的比例来看,上海、江苏和浙江第一产业平均用水量占比分别为13.80%、52.35%和47.29%。江苏和浙江第一产业用水量占据了总用水量一半,而上海第一产业用水量占比较少。结合江苏的第一产业用水量呈上升趋势的现状,可以看出第一产业将是江苏节约用水的重点产业。

第二产业用水方面,江苏第二产业在这6年间的年平均用水量同样远超上海和浙江。同时上海的第二产业平均用水量超过浙江34.5%。从占总用水量比例来看,上海、江苏和浙江第二产业平均用水量占总用水量的66.77%、37.17%和29.54%。表明上海用水集中于第二产业,而江苏和浙江的第二产业用水量占总用水量的比例相对较低。

第三产业用水方面,尽管江苏的第三产业用水量也超过上海和浙江的第三产业用水量,但差值的绝对额较小。同样从占比来看,两省一市的第三产业用水量占比都低于30%,其中江苏第三产业用水量占比最低,为10.48%,低于上海和浙江的19.43%和23.17%。

此外,从万元 GDP 用水量及各产业万元产值用水量等方面来看,江苏在2006-2011年万元 GDP 用水量的平均值(176.57 m^3/万元)要远高于上海和浙江,分别是上海和浙江的2.01倍和1.86倍。相似情况也出现在两省一市万元农业用水量的对比分析中。但在万元工业用水量和人均生活用水量方面,上海却要高于江苏和浙江,其中上海万元工业用水量为 143.69 m^3/万元,江苏和浙江分别为135.76 m^3/万元和59.38 m^3/万元。

综合分析可知,上海、江苏和浙江的用水主体不同。江苏的用水主要集中于第一产业,集中度不及上海,但也占50%左右,浙江在这一点与江苏类似。上海用水量主要在第二产业且集中度较高,第二产业用水占比高达66.77%。江苏万元GDP 用水量和万元农业用水量高于上海和浙江,而上海万元工业用水量和人均生活用水量却高于江苏和浙江。

表 7 - 1　江苏、上海、浙江 2006 - 2011 年间第一、第二、第三产业年平均用水量

	上海 年平均用水量	江苏 年平均用水量	浙江 年平均用水量
第一产业(农业)(亿 m³)	16.9(13.8)	289.73(52.35)	97.33(47.29)
第二产业(工业)(亿 m³)	81.75(66.77)	205.72(37.17)	60.78(29.54)
第三产业(公共与居民生活) (亿 m³)	23.78(19.43)	57.98(10.48)	47.68(23.17)
万元农业用水量(m³/万元)	1207.77	1563.15	1134.89
万元工业用水量(m³/万元)	143.69	135.76	59.38
人均生活用水量(m³/人)	118.41	75.12	91.69
万元 GDP 用水量(m³/万元)	87.75	176.57	95.06

注:括号内数值为该产业用水量占本省(市)总用水量的比例。

7.3　江苏制造业二分位行业耗水分析

7.3.1　研究方法与数据

投入产出法被较多用于研究不同行业的水资源消耗问题。因此,这部分构造包括用水量数据在内的投入产出表,计算直接用水系数和完全用水系数,对江苏、上海和浙江的制造业二分位行业用水情况进行对比分析。

直接用水系数和完全用水系数的计算方法如下:直接用水系数 $w_j = h_j / X_j$,其中 h_j 表示第 j 部门的用水总量,X_j 表示第 j 部门的总产出;完全用水系数为部门的直接用水系数和间接用水系数之和,即完全用水系数 $w'_j = w_j + m_j$,其中 m_j 表示第 j 部门的间接用水系数。间接用水系数 $m_j = \sum_{i=1}^{n} w'_i a_{ij}$,式中 a_{ij} 表示第 j 部门对第 i 部门的直接消耗系数。当同时考虑多行业或部门时,以上变量可用矩阵的形式表示,所以 $W' = W + W'A$,经变换得 $W' = W(I-A)^{-1}$,其中,W' 为完全用水系数矩阵,W 为直接用水系数矩阵,A 为直接消耗系数矩阵,I 为单位矩阵。

在数据方面,省级单元的制造业二分位行业的用水量数据较少,距目前最近的数据来自《中国经济普查年鉴 2008》,文中以此数据进行测算。此外,假定 2008 年产业技术结构和 2007 年基本相同,基于 2007 年两省一市的投入产出表进行分析。

7.3.2　二分位行业直接用水系数分析

2008 年,江苏、上海和浙江两省一市各个行业的直接用水状况有较大差别,根

据直接用水系数大小,表7-2列出了两省一市直接用水系数最小和最大的10个行业。

从直接用水系数较低的行业来看,江苏直接用水系数较低行业的数值基本都在2 m³/万元以下。若以直接用水系数作为评价标准,交通运输设备制造业、电气机械及器材制造业和通用专用设备制造业等制造业属于水资源集约型部门,应鼓励发展,尤其通信设备计算机及其他电子设备制造业和电气机械及器材制造业等高端制造业。此外,从江苏和上海、浙江的对比来看,电气机械及器材制造业和交通运输设备制造业是两省一市中直接用水系数都较低的行业,且直接用水系数基本相同;仪器仪表及文化办公用机械制造业和通用专用设备制造业这两个行业在上海和江苏同属用水较少部门,且用水系数大体相当。

从直接用水系数较高的行业来看,上海、江苏和浙江直接用水系数最高行业数值分别是用水系数最低行业数值的12.15倍、8.63倍和61.38倍。从这点看,江苏和上海的行业间用水量差距比浙江行业间用水量差距要小得多。此外,非金属矿物制品业、化学工业、纺织业同属两省一市用水系数较高部门,可见这三个行业用水较多的状况具有普遍性。

综合直接用水系数较低行业和较高行业来看,我们还发现,制造业中属于轻工业的行业在两省一市的直接用水系数普遍存在较大差别,而制造业中属于重工业的行业直接用水系数在两省一市的差别普遍较小。因此从总体看,江苏和其他两省市互相学习如何节水的重点应放在轻工业部门,找出这些行业直接用水量较多的具体原因,并采取针对性的措施来降低用水量。

表7-2 江苏、上海、浙江直接用水系数较低和较高行业

	上海	直接用水系数(m³/万元)	江苏	直接用水系数(m³/万元)	浙江	直接用水系数(m³/万元)
直接用水系数较低行业	通信设备计算机及其他电子设备制造业	1.07	仪器仪表及文化办公用机械制造业	1.23	废品废料	0.52
	仪器仪表及文化办公用机械制造业	1.22	电气机械及器材制造业	1.29	电气机械及器材制造业	1.77
	电气机械及器材制造业	1.49	木材加工及家具制造业	1.76	交通运输设备制造业	1.90
	交通运输设备制造业	1.75	通用专用设备制造业	1.88	石油加工炼焦及核燃料加工业	1.92
	通用专用设备制造业	1.95	交通运输设备制造业	1.95	通信设备计算机及其他电子设备制造业	2.05

	上海	直接用水系数 (m³/万元)	江苏	直接用水系数 (m³/万元)	浙江	直接用水系数 (m³/万元)
直接用水系数较高行业	非金属矿物制品业	5.84	纺织服装鞋帽皮革羽绒及其制品业	4.30	非金属矿物制品业	6.24
	金属冶炼压延加工业	6.11	非金属矿物制品业	5.78	食品制造及烟草加工业	7.26
	化学工业	8.93	化学工业	8.73	化学工业	8.86
	纺织业	10.44	造纸印刷及文教体育用品制造业	9.69	纺织业	19.37
	石油加工、炼焦及核燃料加工业	12.99	纺织业	10.62	造纸印刷及文教体育用品制造业	32.02

7.3.3 二分位行业完全用水系数分析

尽管直接用水系数能够直观简洁地向我们说明各行业用水量情况,但经济系统是一个彼此紧密联系的网络体系,行业与行业间存在高度关联。因此单考虑行业的直接用水情况,容易忽视行业间的相互联系,无法对行业用水情况做出准确判断,为揭示行业本身及与其关联行业的用水状况,有必要分析各个行业的完全用水系数。

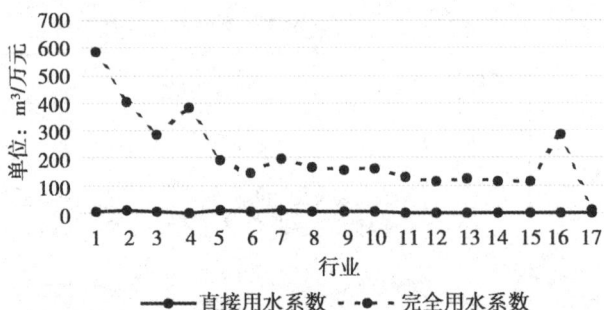

江苏省2008年制造业细分行业直接用水系数和完全用水系数

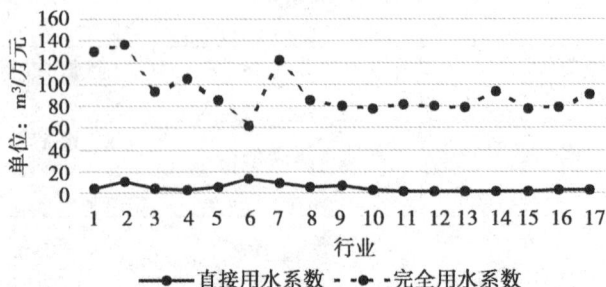

上海2008年制造业细分行业直接用水系数和完全用水系数

浙江省2008年制造业细分行业直接用水系数和完全用水系数

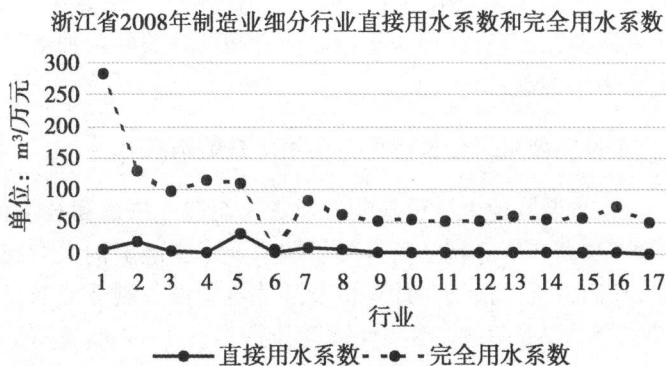

图7-1　江苏、上海、浙江直接用水系数和完全用水系数对比图

注：行业代码：1.食品制造及烟草加工业；2.纺织业；3.纺织服装鞋帽皮革羽绒及其制品业；4.木材加工及家具制造业；5.造纸印刷及文教体育用品制造业；6.石油加工炼焦及核燃料加工业；7.化学工业；8.非金属矿物制品业；9.金属冶炼及压延加工业；10.金属制品业；11.通用专用设备制造业；12.交通运输设备制造业；13.电气机械及器材制造业；14.通信设备计算机及其他电子设备制造业；15.仪器仪表及文化办公用机械制造业；16.工艺品及其他制造业；17.废品废料业

由图7-1可以发现，两省一市制造业二分位行业的完全用水系数都要远高于各自的直接用水系数。如食品制造及烟草加工业在上海、江苏和浙江的直接用水系数分别仅为3.79 m³/万元、4.26 m³/万元和7.26 m³/万元，但其完全用水系数却分别高达129.85m³/万元、586.99m³/万元和283.63 m³/万元。所以单分析行业的直接用水系数将会造成公众对部门用水的误解。

从完全用水系数和直接用水系数的进一步比较可以看出，有些行业直接用水较低（或较高），但其完全用水系数却较高（或较低），容易给公众以"节水"（"耗水"）的假象。如在江苏制造业中，一些行业直接用水系数较低但完全用水系数较高，如通信设备计算机及其他电子设备制造业和木材加工及家具制造业等，而浙江的木材加工及家具制造业和非金属矿物制品业等行业其直接用水系数较高但完全用水系数较低。对于直接用水系数较高但完全用水系数较低的行业，应着重从提高本行业的用水效率入手，而对于直接用水系数较低但完全用水系数较高的行业，应充分考虑并重点关注行业间联系，从统筹全局的角度降低这些行业的水资源消耗。

此外，一些制造业部门的直接用水系数和完全用水系数同处较低或较高的状态。如仪器仪表及文化办公用机械制造业、电气机械及器材制造业、交通运输设备制造业和通用专用设备制造业等部门，这些行业的直接用水系数和完全用水系数在上海、江苏和浙江普遍较低。上述行业是真正意义上的水资源集约型行业，并且这些行业基本处于制造业的顶端，所以政府应大力鼓励和支持这些行业的发展。而化学工业、纺织业、造纸印刷及文教体育用品制造业和纺织服装鞋帽皮革羽绒及其制品业等部门的直接用水系数和完全用水系数在两省一市普遍较高。上述行业是水资源消耗大户，江苏应从行业本身和产业关联两种途径对这些行业进行节水改造和用水控制。

7.3.4　代表性高技术二分位行业完全用水系数构成分析

通信设备计算机及其他电子设备制造业作为制造业中的高技术行业，由于其低能耗、"节水性"和高产值等特征而得到了国家及地方政府的大力支持。然而通过上文的分析，我们发现通信设备计算机及其他电子设备制造业的直接和完全用水系数数值差别巨大，在两省一市中，后者分别是前者的 86.57 倍、45.24 倍和 26.92 倍。另外，从完全用水系数角度将该行业与其他制造业对比来看，其在两省一市中用水特性同样存在巨大差异：在上海制造业中，该行业完全用水系数低于纺织业等传统高耗水行业，但同时远高于通用专用设备制造等其他高技术行业；在江苏制造业中，该行业完全用水系数却低于通用专用设备制造等其他高技术行业，处在最低值的第二位；在浙江，该部门完全用水系数处在中间位置。为此将通信设备计算机及其他电子设备制造业的完全用水系数进行分解，并研究其差异性的原因。表 7-3 列示了与通信设备计算机及其他电子设备制造相关联行业对该行业完全用水系数贡献值。其中，其他行业为贡献值低于 1m³/万元行业的归集。

表 7-3　长三角地区通信设备计算机及其他电子设备制造业完全用水系数构成

（单位：m³/万元）

行业	上海	江苏	浙江
石油加工炼焦及核燃料加工业	1.05		
金属矿采选业		1.13	
石油和天然气开采业		1.36	
金属冶炼及压延加工业	1.82	1.09	1.62
造纸印刷及文教体育用品制造业			1.86
煤炭开采和洗选业			2.27
其他行业	1.65	2.99	2.69
通信设备计算机及其他电子设备制造业	2.40	4.95	3.47
化学工业	3.24	2.52	2.75
第一产业	6.12	31.40	11.37
第三产业	25.92	18.45	27.19
电力热力的生产和供应业	50.34	47.80	2.05
合计	92.54	111.69	55.27

通信设备计算机及其他电子设备制造业完全用水系数主要源自于电力热力的生产和供应业、第三产业、第一产业（农、林、牧、渔业）、化学工业和通信设备计算机及其他电子设备制造业本身。以上部门的合计占比在上海、江苏和浙江分别为 95.12%、94.12% 和 84.74%。因此影响两省一市通信设备计算机及其他电子设备制造业完全用水系数的因素（部门）基本相同。从具体的影响程度来看,通信设备计算机及其他电子设备制造业本身和化学工业对通信设备计算机及其他电子设备制造业完全用水系数的影响程度在两省一市中差别不大,并且都相对较低,前者影响程度大约为 3.5 m³/万元左右,后者为 3 m³/万元左右。但第一、第三产业以及电力热力的生产和供应业等部门对通信设备计算机及其他电子设备制造业完全用水系数的影响程度在两省一市间有显著差异。其中,第一产业在上海、江苏和浙江的影响程度分别为 6.62%、28.11% 和 20.58%;第三产业在上海、江苏和浙江的影响程度分别为 28.01%、16.52% 和 49.2%;电力热力的生产和供应业的影响程度分别为 54.4%、42.8% 和 3.71%。

可以看出：在长三角的两省一市中,对通信设备计算机及其他电子设备制造业完全用水系数起到重要影响的部门基本相同,但具体部门的影响程度在两省一市中有较大不同。其中,通信设备计算机及其他电子设备制造业完全用水系数在江苏主要受电力热力的生产和供应业与第一产业的影响。因此,为降低通信设备计算机及其他电子设备制造业完全用水系数,两省一市应分别针对影响本地区该行业完全用水系数的具体行业采取诸如提升生产工艺等措施减少相应行业的用水量,达到降低通信设备计算机及其他电子设备制造业完全用水系数的目的,使其成为真正意义上的节水型高技术行业。

7.4　本章小结

本章利用相关数据,对上海、江苏和浙江的水资源消耗总量、三大产业耗水状况、制造业下二分位行业的水资源消耗进行了对比分析,得到以下研究结论及政策含义。

（1）上海、江苏和浙江在水资源消耗量及拥有的水资源总量上有较大差异。其中,江苏用水主要集中于第一产业,节水工作的重点也同样应着眼于第一产业。

（2）制造业中的电气机械及器材制造业和交通运输设备制造业是江苏直接用水系数较低的部门。非金属矿物制品业、化学工业和纺织业直接用水系数在两省一市中均较高,江苏应将这些部门视为节水重点监控部门。

（3）制造业下二分位各行业的完全用水系数要高于各自直接用水系数。江苏的非金属矿物制品业和浙江的非金属矿物制品业、木材加工及家具制造业都由直接用水系数较高部门变为完全用水系数较低部门。江苏的通讯设备计算机及其他电子设备制造业、木材加工及家具制造业等部门由直接用水系数较低部门变为完全用水系数较高部门。另外，江苏的仪器仪表及文化办公用机械制造业、电气机械及器材制造业及交通运输设备制造业等部门的直接用水系数和完全用水系数都较低，属"双低"产业部门；化学工业、纺织业和造纸印刷及文教体育用品制造业等部门的直接用水系数和完全用水系数都较高，属"双高"部门。

（4）制造业的代表性高技术二分位行业即通信设备计算机及其他电子设备制造业，其完全用水系数的主要来源行业在上海、江苏和浙江基本相同，但其贡献度却显著不同。在江苏，该部门完全用水系数主要受电力热力的生产和供应业及第一产业的影响。

本章的研究结果具有较强的政策含义：

首先，对工业行业的节水分析应尽可能细化行业。工业节水是建设节水型社会的关键，但对工业行业整体的节水分析往往会掩盖行业间的用水差异，因此需要进一步细化行业进行针对性的分析。在后续研究中，我们将利用重点企业的微观调研数据，对江苏地区的节水情况做更为深入的探讨。

其次，对工业行业的节水分析应以完全用水系数为主。如果只将自身用水多的行业作为政策监管重点，则容易忽视各个行业间的产业关联带来的引致性用水，将一定程度上降低政策的执行效果。本章研究结果显示，江苏不同行业的直接用水系数和完全用水系数差异较大，与直接用水系数大、完全用水系数小的行业相比，直接用水系数小、完全用水系数大的行业，如通信设备计算机及其他电子设备制造业等行业的节水潜力更大，也更应该作为节水工作的重点。

最后，不同区域的节水政策应因地制宜。长三角地区是我国同质性较强的经济区域，但江苏和上海、浙江不同行业间的用水差异仍具有显著的地域差异。如多数轻工业部门在三个省（市）的直接用水系数普遍存在较大差异，这一方面显示江苏可以和其他两省（市）相互学习节水经验；另一方面也说明节水政策不能生搬硬套，需要根据当地经济发展、资源禀赋和产业结构等状况而有所不同。

第八章 基于技术视角的江苏建设节约型社会的技术创新分析

本章从低碳技术创新视角寻找江苏节约型社会建设路径。出于环境是能源的镜像指标的原因,能源的利用效率高低往往意味着环境质量的好坏,而在近几年大力倡导的"生态文明"建设过程中,二氧化碳排放又被国家定位为地方政府的考核绩效之一,更显示出碳排放效率对生态社会建设的贡献之大。低碳技术意味着资源的高效利用,亦即对资源的有效节约,故从低碳技术创新视角对江苏创建节约型社会进行分析是非常有必要的。

8.1 国内外低碳经济研究的文献综述

近年来,伴随着世界经济的快速发展、人口的急剧增长、工业化的逐步推进,人类社会和自然环境矛盾不断走向激化。从 1992 年《联合国气候变化框架公约》的签署,到 1997 年《京都议定书》的达成,再到 2007 年《哥本哈根议定书》的通过,控制二氧化碳等温室气体的排放应对全球气候变暖,已由当初学者的关注逐渐得到各国政府的深度重视,也因此催生了"低碳经济"这一理念的诞生。

"低碳经济"理念缘于 2003 年英国的《我们未来的能源——创建低碳经济》白皮书,此后迅速引起广泛影响和讨论。随着欧盟国家依托低碳技术开展碳减排行动、美国推出"绿色新政"战略构想、英国设立碳信托基金会等低碳实践的纷纷涌现,国内外学者对低碳经济进行了大量的理论研究。李蜀湘、陆小成(2011)认为:低碳经济是指通过能源效率的提高、清洁能源的开发来实现以低能耗、低污染、低排放为特征的经济发展模式。Bing 等(2010)认为:发展低碳经济的实质是从传统经济发展模式向低碳经济发展模式的转变。

已有研究虽然对低碳创新内涵存在不同的看法,但对低碳技术创新在发展低碳经济中所起的关键作用已达成共识:Levinson(2009)的研究表明,低碳技术的进步是美国制造业在 1987 - 2001 年间气体污染水平下降的主要原因;Carrion 和 Innes(2010)发现技术创新与有害气体污染之间存在双向因果关系;国内学者冯之浚和牛文元(2009)也指出低碳技术创新是发展低碳经济的根本出路。

企业是技术创新的主体,同样也是低碳创新的重要力量。相关文献从企业动力、企业规模、企业协作、企业组织形式等多方面对企业的低碳创新行为进行了分析。事实上,对于具有"双重外部效应"(Rennings,1998)的低碳创新,仅依靠企业自身的行为进行低碳创新存在"市场失灵",需要政府的引导和扶持(Bolton 和 Foxon,2011)。在政策引导和扶持方面,新古典经济学认为经济手段能有效刺激低碳创新,而以 Porter 为代表的学者则关注环境规制对企业低碳创新的积极效果(Porter,1995)。

无论是经济刺激,还是政策规制,目的都是为了更有效地使用创新资源,提升低碳创新效率。低碳创新效率的研究,对了解企业的低碳创新能力、提高政府引导政策的实施效果都具有重大意义。但目前有关创新效率的研究主要是针对传统创新活动,对低碳创新效率的研究相对较少。

现有文献主要从国家(或区域)、行业、企业等三个层面对传统创新活动进行效率分析。在国家(或区域)层面,白俊红(2011)根据地区基础设施、地方政府干预、金融机构支持、经济发展水平等外部环境因素,计算了我国 30 个省级区域的技术创新效率;Wang(2012)使用随机前沿方法,探讨了 FDI 和进口贸易两种渠道对 77 个国家创新效率的影响;张煊和孙跃(2014)从产学研合作的视角,使用 DEA-Tobit 方法测度了中国 30 个省级行政区域的创新效率,得出东部地区、中部地区、西部地区创新效率依次递减的研究结论。

在行业层面上,创新效率的研究多集中在制造业领域。如孙文杰和沈坤荣(2009)从人力资本积累的角度,分析了人力资本对中国制造业技术创新效率差异的影响。牛泽东和张倩肖(2012)对中国装备制造业的 7 个行业的创新效率进行研究,认为装备制造业创新效率呈现缓慢增长的趋势。还有学者对高新技术产业的创新效率进行了研究。如余泳泽(2009)基于价值链视角,使用数据包络分析方法,从产业开发和成果转化两个维度对我国高新技术产业的创新效率及其影响因素进行了分析。李向东等(2011)同时使用数据包络分析和随机前沿函数两种方法,对中国 17 个细分行业的高新技术产业的创新效率进行了研究,并对不同方法得到的结果进行了对比分析。

在企业层面上,Diaz-Blateiro 等(2006)对 171 个西班牙企业在 1998 - 2001 年的创新效率进行了分析,指出上述企业在研究时段的平均效率为 0.75 左右。余东华和王青(2010)对中国 30 个省份国有企业的自主创新效率进行探讨,指出科技人员冗余、设备利用率较低等是国有企业自主创新效率较低的主要因素。冯宗宪等(2011)分析了政府投入、市场化程度对中国工业企业技术创新效率的影响,发现政府投入对企业技术创新效率的影响并不显著,但市场化水平却可以对企业的技术创新效率产生积极影响。吴延兵(2012)基于中国国有企业和民营企业的对比,分别分析了国有企业的生产效率和创新效率,得出国有企业创新效率损失大于生产效率损失的研究结论。

综上,已有研究虽然对创新活动进行了多方面的探析,但较少考虑创新的低碳绩效;虽然对创新效率进行了多角度的研究,但较少将碳排放作为创新要素进行效率分析[张江雪和朱磊(2012)、冯志军(2013)等从绿色增长的视角分析了我国不同区域的技术创新效率,但没有考虑碳排放以及横截面形式的样本数据都在一定程度上影响其研究结论的可靠性]。鉴于此,我们将低碳经济的理念纳入传统创新理论中,在经济效益和低碳效益双重引导下构建新的创新效率内涵,将这种既考虑创新投入的经济效益产出,又考虑创新投入的低碳效益产出的创新效率称为低碳创新效率。低碳创新效率的研究,对于中国低碳社会转型、建设节约型社会都具有积极的意义。

本章主要从以下几方面对已有研究进行扩展:一是将碳排放强度作为创新要素纳入传统的知识生产函数,在兼顾经济效益和低碳效益的基础上,使用数据包络分析方法测算低碳背景下的创新效率;二是分析低碳创新效率的地区差异以及动态演进状况;三是探讨低碳创新效率变动的影响因素,为提高低碳创新效率相关政策制定提供经验支持。

8.2 研究模型和变量设定

8.2.1 研究模型

1. 考虑经济效益和低碳效益的知识生产函数及低碳创新效率

发展低碳经济已成全球金融危机之后的"新常态",也是全球各国和地区公认的发展模式。低碳经济不是不发展经济,而是在追求经济产出的同时,也注重产出的低碳化。传统的知识生产函数将新产品产值等货币化指标作为创新产出,唯以经济效益来衡量创新产出的多少。在低碳背景下,创新活动肩负双重使命、身具双重公共特性:既要取得更高的经济价值,也要获得更好的低碳价值。为体现和引导技术创新的低碳方向,我们对传统知识生产函数进行了拓展,按照"经济效益和低碳效益"相结合的原则,将创新产出分为经济效益类和低碳效益类两类,这样低碳创新追求的目标应是增加经济性产出的同时,减少碳排放强度。

于是,低碳背景下的知识生产函数如式(8-1)(由于后面使用非参数效率评价模型,因此不设定具体函数形式):

$$(Y_e, Y_c) = f(L, R) \tag{8-1}$$

(8-1)式左边为创新性产出,其中 Y_e 表示经济效益类产出,具体使用新产品产值表示,此为期望性产出,越大越好;Y_c 表示碳排放效益类产出,具体使用碳排放强度表示,此为非期望产出,越小越好。(8-1)式右边为创新投入,其中 L 表示研发人员投入,R 表示研发经费投入。为与传统的创新效率有所区别,我们将基于(8-1)式得到的创新效率称为"低碳创新效率":在给定的创新投入条件下,经济效益越高、低碳效益越好则低碳创新效率就越高。低碳创新效率与传统创新效率的最大区别在于：前者在考虑创新产出经济效益的同时，也考虑了创新产出的低碳效益。

2. 低碳创新效率评价模型

基于低碳背景下的知识生产函数，在 DEA(Data Envelopment Analysis)的框架下建立低碳创新效率评价模型。模型中将每个省作为进行低碳创新活动的决策单元，创新投入是研发人员 L 和研发经费投入 R，创新产出是经济效益类产出 Y_e 和碳排放效益类产出 Y_c。其中碳排放强度 Y_c 是非期望产出，数值应越小越好，因此经典的 DEA 模型并不适合。对于非期望产出的处理方法通常有两类：一类是将非期望产出作为投入要素，与其他生产要素一起纳入生产函数，如 Lu etal.(2006)、陈诗一(2009)、张江雪和朱磊(2012)等的做法；另一类是将期望产出和非期望产出同时引入生产函数，基于方向性距离函数进行分析，如 Chung et al.(1997)、王兵等(2010)的做法。这里采用将非期望产出作为投入要素的第一类处理方法(具体评估模型上述文献都有涉及，这里不再赘述)。

8.2.2 变量设定

本章基础数据来源于各年《中国统计年鉴》和《中国科技统计年鉴》等。研究时间段为 1998-2011 年，从 1998 年开始是因为《中国科技统计年鉴》从这一年开始统计分省的 R&D 相关数据。研究对象以江苏为主，辅以全国其他 27 个主要省、市、自治区，由于西藏、海南、宁夏等省份的关键变量数据不全，在分析中不予考虑。于是共有 28 个省 14 年共计 392 个样本值。

1. 研发经费投入

本章使用 R&D 经费内部支出表征研发经费投入。在研发经费投入指标的选择上，有学者使用基于永续盘存法计算出的 R&D 存量指标作为研发经费投入(吴延兵,2008)，也有学者直接使用 R&D 经费支出这一流量指标作为研发经费投入(张江雪和朱磊,2012)。文中采用后一做法的原因在于：一方面计算研发经费存量所采用的永续盘存法在折旧率选取上存在较大分歧(如 5%、10%、15%等折旧率的不同直接影响研发经费的计算结果)；另一方面，基期研发经费存量是永续盘存法误差大小的关键变量，但省级单元研发经费的相关统计数据时间跨度较小，仅从 1998 年开始，因此通过研究时段内(1998-2011 年)研发投入增长率和折旧率计算得到的基期(1998 年)研发经费存量存在较大的偏差，而这种偏差将持续影响后续的研发投入存量。鉴于此，本章采用研发经费支出这一流量指标表征研发经费投入。

2. 研发人员投入

根据《中国科技统计年鉴》，R&D 人员指"调查单位内部从事基础研究、应用研究和试验发展三类活动的人员，包括直接参加上述三类活动的人员以及这三类活动的管理人员和直接服务人员。"本章以 R&D 人员全时当量来表示研发人员的实际投入水平,具体测算方法为报告期内 R&D 全时人员数与非全时人员工作折算量之和。

3. 经济效益类产出——创新活动的经济导向

在衡量创新活动产出时,专利包含有较多的信息内容,同时官方数据相对容易获得,统计口径也较为一致,因此使用专利代表创新活动的经济产出是文献中常用方法(Hagedoorn 和 Cloodt,2003;韩晶,2010;冯宗宪等,2011)。然而专利衡量创新活动也存在一定的不足,即专利只是一种中间产品,不能完全反映创新成果的转化能力及其内在市场价值。此外,不同专利间质量参差不同,单纯使用专利数来体现创新成果的经济价值也值得商榷。除了专利外,更多的学者采用新产品产值衡量创新活动(王红领等,2006;吴延兵,2012)。新产品产值可以较为全面地反映创新成果的经济价值和商业化水平,较好地衡量了创新产出的经济效益,因此我们使用新产品产值衡量创新活动的经济效益类产出。

4. 低碳效益类产出——创新活动的低碳导向

在低碳背景下,创新活动应具有"双重溢出性",不仅需要产生经济效益,而且需要产生低碳效益。无论是国家"十二五"规划中实现碳排放强度比 2010 年下降 17%的短期目标,还是 2009 年国际气候谈判中承诺 2020 年碳排放强度比 2005 年降低 40%-45%的中长期目标,碳排放强度都是中国低碳社会建设的重要约束性指标。与其保持一致,文中使用碳排放强度(即单位 GDP 排放的二氧化碳)表征创新活动的低碳效益类产出(碳排放强度为非期望产出,碳排放强度越低,创新的低碳效益越大)。

计算碳排放强度需要各省的地区生产总值和二氧化碳排放量。二氧化碳排放主要来自于化石燃料的燃烧以及钢铁、水泥等产品的生产过程。据世界银行估计,化石燃料的燃烧带来的碳排放占总量的 70%以上。由于能源消耗是以污染较为严重的煤炭为主,中国化石燃料燃烧带来的碳排放比例更高。与已有研究一致,文中使用化石能源消费量估算碳排放量。考虑到数据可得性因素,主要考虑煤炭、原油、天然气这三种能源来测算 28 个省份的碳排放量。依据 2006 年《IPCC 国家温室气体清单指南》,碳排放总量由不同类型能源消费产生的二氧化碳排放累计得到,计算公式如下:

$$CO_2 = \sum_{i=1}^{3} CO_{2i} = \sum_{i=1}^{3} E_i \times NCV_i \times CEF_i \times COF_i \times (44/12) \qquad (8-2)$$

(8-2)式中,CO_2 表示二氧化碳排放量;$i=1,2,3$ 表示煤炭、原油和天然气三种能源;E 代表各种类型能源的消耗量;NCV 为煤炭、原油和天然气的平均低位发热量(具体数值来自《中国能源统计年鉴》);CEF 为碳排放系数,由 IPPC(2006)给出的烟煤和无烟煤两种碳排放系数加权得到,其中烟煤的权重取 80%,无烟煤的权重取 20%;COF 是碳氧化因子(与已有文献一致,煤炭取为 0.99,原油和天然气均取为 1)；式中的 44、12 分别为二氧化碳分子量和碳分子量。不同类型能源的消耗单位存在差异，根据《中国能源统计年鉴》的能源折算系数，统一换算成单位标准煤。

8.3 江苏低碳创新效率的实证分析

8.3.1 低碳创新效率整体分析

根据本章上一节提出的研究思路，计算出各省的低碳创新效率。为了进行更好的对比分析，也同时计算了传统创新效率。其中传统创新效率仅考虑创新产出的经济效益，以研发经费、研发人员作为创新投入要素，以新产品产值为创新产出。低碳创新效率在创新投入方面与传统创新效率并无不同，但在创新产出方面既考虑经济效益又考虑低碳效益（产出为新产品产值和碳排放强度）。鉴于低碳经济与节约型社会追求的目标是经济发展和低碳排放的"双赢"，因此低碳创新效率是本章分析的重点。

表 8-1 报告了 1998-2011 年中国 28 个省份传统创新效率和低碳创新效率的测算结果。表中数值越小，表明创新效率越低；若表中数值等于 1，则表明其创新效率最高，是处在创新前沿上的最佳实践者。下面将从静态分析、动态比较、区域性差异三个方面对这两种创新效率进行比较分析。

1. 低碳创新效率的静态分析

从传统创新效率来看，研究时段内中国整体创新效率平均为 0.38，三大区域的传统创新效率呈现东部地区高于中部地区、中部地区高于西部地区的格局。不同省份传统创新效率差异非常大，最高为 1.00，最低仅 0.04，显示出中国创新活动的地区差异性及空间不平衡性。样本考察期内，传统创新效率最高的五个省份依次为天津、江苏、上海、黑龙江、重庆，其中既包括了东部省份（天津、江苏和上海），也有中西部省份（黑龙江和重庆），这点与张海洋（2011）的研究结论类似。传统创新效率最低的省份依次为甘肃、青海和新疆，这些省份均处于经济发展水平相对落后的西部地区，各种基础设施还不完善，经济增长方式相对粗放，加上产业结构不合理，劳动者素质相对较低等比较劣势，导致这些省份的自主创新能力较弱，创新效率也偏低。

低碳创新效率既考虑经济效益，又兼顾低碳效益，对创新效率的评价标准进行了重构，因此其分析结果与传统创新效率有所不同。从表 8-1 可以看出，低碳创新效率较高的是上海、广东、天津、浙江、江苏等，江苏的平均低碳创新效率达到0.8 左右，与上海的差距相对较小。相较于西部地区，江苏等东部地区更早面临经济发展过程中的资源消耗和环境污染问题，同时资源、环境的约束也更为显著和严重，上述因素都"倒逼"东部地区的创新活动逐渐向低碳方向发展。另外，江苏等东部地区经济发展水平的提高也增强了当地公众的低碳意识,从需求端也拉动了低碳创新活动的开展。

表 8 - 1　1998 - 2011 年全国 28 省份传统创新效率和低碳创新效率测算结果

地区	传统创新效率					低碳创新效率				
年份	1998	2004	2008	2011	平均	1998	2004	2008	2011	平均
北京	0.24	0.40	0.20	0.35	0.37	0.24	0.64	1.00	0.98	0.72
天津	0.47	1.00	0.58	0.56	0.68	0.47	1.00	0.96	0.76	0.90
河北	0.18	0.25	0.66	0.62	0.51	0.21	0.25	0.34	0.39	0.27
山西	0.07	0.24	0.23	0.30	0.20	0.07	0.24	0.23	0.21	0.19
内蒙古	0.18	0.50	0.23	0.21	0.30	0.18	0.50	0.20	0.24	0.32
辽宁	0.14	0.24	0.20	0.24	0.26	0.20	0.30	0.41	0.54	0.34
吉林	0.45	0.23	0.25	0.47	0.44	0.49	0.23	1.00	1.00	0.80
黑龙江	0.08	0.22	1.00	1.00	0.58	0.08	0.22	0.20	0.18	0.18
上海	1.00	1.00	0.16	0.15	0.58	1.00	1.00	1.00	1.00	1.00
江苏	0.64	0.37	0.67	0.71	0.64	0.98	0.77	0.82	0.89	0.79
浙江	1.00	0.46	0.30	0.37	0.55	1.00	0.76	0.94	1.00	0.89
安徽	0.29	0.39	0.43	0.48	0.38	0.29	0.39	0.37	0.70	0.39
福建	0.55	0.49	0.26	0.47	0.44	0.55	0.72	0.68	0.66	0.67
江西	0.13	0.24	0.41	0.35	0.32	0.21	0.24	0.34	0.38	0.29
山东	0.27	0.38	0.22	0.31	0.30	0.53	0.59	0.57	0.69	0.58
河南	0.20	0.32	0.27	0.47	0.34	0.34	0.32	0.39	0.43	0.34
湖北	0.26	0.42	0.25	0.26	0.29	0.26	0.43	0.58	0.58	0.44
湖南	0.29	0.49	0.36	0.36	0.32	0.37	0.49	0.48	0.83	0.47
广东	0.63	0.44	0.31	0.53	0.39	1.00	1.00	1.00	1.00	1.00
广西	1.00	0.90	0.30	0.35	0.50	1.00	0.90	0.55	0.57	0.64
重庆	0.28	0.62	0.43	0.47	0.57	0.32	0.62	0.83	1.00	0.72
四川	0.27	0.33	0.59	0.90	0.49	0.59	0.37	0.66	0.67	0.52
贵州	0.12	0.21	0.42	0.44	0.26	0.12	0.21	0.21	0.78	0.24
云南	0.15	0.37	0.21	0.78	0.28	0.15	0.37	0.39	0.27	0.28
陕西	0.11	0.17	0.39	0.27	0.22	0.14	0.17	0.24	0.29	0.20

地区	传统创新效率					低碳创新效率				
甘肃	0.07	0.21	0.20	0.28	0.19	0.08	0.21	0.24	0.43	0.21
青海	0.06	0.05	0.24	0.43	0.16	0.06	0.05	0.34	0.04	0.13
新疆	0.11	0.15	0.34	0.04	0.15	0.11	0.15	0.23	0.31	0.17
全国平均	0.33	0.40	0.36	0.43	0.38	0.39	0.47	0.54	0.60	0.49
东部平均	0.55	0.53	0.32	0.41	0.47	0.66	0.75	0.82	0.84	0.77
中部平均	0.21	0.33	0.41	0.45	0.37	0.25	0.33	0.41	0.50	0.37
西部平均	0.24	0.33	0.35	0.44	0.31	0.28	0.34	0.41	0.48	0.34

注:东部地区包括北京、天津、辽宁、上海、江苏、浙江、福建、山东、广东共 9 个省份,中部地区包括河北、山西、内蒙古、吉林、黑龙江、安徽、江西、河南、湖北、湖南共 10 个省份,西部地区包括广西、重庆、四川、贵州、云南、陕西、甘肃、青海、新疆共 9 个省份。

低碳创新效率和传统创新效率相比,二者的投入产出变量数发生了变动,因此数值大小不具有直接可比性,但从相对意义的分析仍可以发现:虽然低碳创新效率也是东部地区较高、中部地区其次、西部地区最低,但中部地区与东部地区低碳创新效率的差异明显变大,尤其是中部地区在投入、产出指标增加情况下计算出的低碳创新效率居然和传统创新效率基本一致(一般情况下应该是变大)。这表明在将低碳效益作为创新产出的评价体系下,中部地区的创新活动相对处于劣势:在追求 GDP 的政绩观推动下,中部省份为了发展本地经济,在接受东部地区产业转移过程中倾向于弱化对产业的低碳性约束,影响了中部地区创新活动的低碳效益。

与传统创新效率相比,东部地区的低碳创新效率提升幅度最大,说明东部地区在低碳转型的道路上已走在中国的前列。上述结论从另一个侧面也说明,仅以传统创新效率为评价标准,会低估东部地区低碳背景下的创新效率,会一定程度上忽视东部地区技术创新的低碳效益,也会挫伤其发展低碳技术创新的积极性,不利于引导技术创新注重低碳化的宏观环境和社会氛围的形成,不利于技术创新对中国低碳经济发展支撑作用的发挥。

2. 低碳创新效率的动态分析

1998－2011 年中国传统创新效率在 2000 年之后有所下降,2009 年的创新效率最低,为 0.26,之后有所回升,2011 年传统创新效率达到 0.43。这说明中国的传统创新效率呈现缓慢增长的态势。

与传统创新效率的变动模式有所不同,1998－2011 年中国低碳创新效率呈现稳健的增长趋势,1998 年低碳创新效率最低,为 0.39,2011 年则达到最高值 0.61,14 年间低碳创新效率提高了 52%。说明随着经济发展所面临能源和环境约束的日益强化,中国已开始重视创新活动带来的低碳效益,科技创新逐渐成为低碳发展的重要支撑力量。低碳创新效率与传统创新效率的不同变化趋势表明:虽然仅从创新产出的经济效益来看,中国传统创新效率增长幅度相对不大,甚至一些年份出现下降的现象,但在经济效益和低碳效益的双重评价体系下,中国的创新活动效率实现了大幅度的提升,创新活动的低碳倾向得到了不断的加强。

3. 低碳创新效率的区域性差异分析

从东部、中部、西部不同区域来看,研究时段内东部地区的传统创新效率在下降,而低碳创新效率在提升。这是因为东部地区作为低碳创新"实践前沿面"的推动者,在将科技创新资源向低碳方向偏移的同时,一定程度上降低了传统创新活动的经济性产出。中、西部地区的传统创新效率和低碳创新效率都在持续提升。从变异系数来看(参见表8-2),无论是传统创新效率,亦或是低碳创新效率,中国都呈现出创新效率收敛的特征。具体来看,东部地区的低碳创新效率收敛速度最快,变异系数从1998年的0.50下降至2011年的0.21,形成了低碳创新的"收敛俱乐部";中部地区的低碳创新效率收敛程度基本保持不变,变异系数在0.5左右徘徊;西部地区的低碳创新效率呈现较快的收敛趋势,变异系数从1.11降至0.61。

对中部地区低碳创新效率的进一步分析可知:从传统创新效率角度看,中部地区在研究时段内相较于西部地区具有显著的优势,但从低碳创新效率角度看,中部地区的上述优势明显缩小。随着时间的变化,中部地区低碳创新效率一方面与东部地区的差距在逐渐扩大,另一方面也被西部地区较快的追赶,再一次表明了中部地区在低碳创新层面的"塌陷"。

表8-2 东部、中部、西部低碳创新效率、传统创新效率的变异系数

地区	传统创新效率				低碳创新效率			
年份	1998	2004	2008	2011	1998	2004	2008	2011
全国	0.87	0.60	0.53	0.50	0.82	0.60	054	0.49
东部	0.56	0.52	0.56	0.42	0.50	0.31	0.27	0.21
中部	0.55	0.33	0.61	0.50	0.52	0.51	0.58	0.56
西部	1.23	0.80	0.36	0.60	1.11	0.79	0.54	0.61

8.3.2 低碳创新效率的影响因素分析

前文分析了低碳创新效率的变动情况和区域差异,但未对影响低碳创新效率差异的原因做深入的探讨,为此,根据创新经济理论、低碳经济理论、前人研究成果以及数据可得性,对影响低碳创新效率的相关因素做进一步的分析。

鉴于低碳创新的"双重外部性",地方政府的支持在低碳创新活动中起着重要

作用。地方政府可以通过两种途径影响低碳创新活动:对低碳创新的研发活动直接进行资金资助;通过政策引导和加强环境规制间接促使企业进行低碳创新。我们分别使用政府资金支持力度(GIST)、政府低碳管理能力(LCMA)来表示上述两种影响途径。其中政府资金支持力度(GIST)使用政府财政支出中科技经费的比重表示,以考察政府资金投入力度对低碳创新效率的影响;政府低碳管理能力(LCMA)使用工业污染治理投资占工业总产值的比重表示,以考察政府的低碳规制和政策引导对低碳创新效率的影响。

此外,我们还分析了以下变量:产业结构(IS)因素,使用工业总产值中高技术行业产值比重来表征,主要考察代表科技创新能力和科技创新方向的高新技术产业在推动中国创新能力提升的进程中,是否也对低碳创新起到了促进作用;外商直接投资(FDI)因素,使用外商直接投资占 GDP 比重来表征,主要考察外资企业对中国低碳创新效率的影响;地区经济发展水平(lnPGDP)因素,使用最能够代表地区经济发展水平的人均 GDP 来表示;公众环保意识(PAEP)因素,使用 6 岁以上人口中大专以上学历人口比重来表示,主要从公众需求端考察其对低碳创新效率的影响。

为检验低碳创新效率与影响因素的关系,利用面板数据模型进行回归分析。结果表明,原假设为混合回归的 F 检验显著为正,故不能采用混合回归模型,而豪斯曼检验对随机效应模型原假设的拒绝,使我们对低碳创新效率影响因素的计量分析选择了固定效应模型。文中将以固定效应模型的分析结果为准。表 8-3 给出了回归结果。

首先看政府的直接资助效果。理论上讲,政府对研发活动的直接资助是一把"双刃剑":在缓解企业创新资金不足、降低企业创新风险的同时,也可能干预过多使企业丧失创新的主体地位,不利于企业的创新。表 8-3 的结果显示,政府资金支持力度与低碳创新效率显著正相关,可见在低碳创新方面,政府的资金投入起到了积极、显著的作用,在一定程度上减弱了"市场失灵",推动了中国的低碳创新。这与冯宗宪等(2011)认为政府投入对创新效率有负效应的研究结论不同,其原因可能是:首先,上述学者在考虑政府投入的创新绩效时,没有考虑低碳效益,也未使用低碳指标予以测度,不能充分体现政府对具有"外部性"特征的低碳领域和低碳项目的投入绩效,于是得出了政府投入与创新效率负相关的结果。其次,政府部门在对具体技术方向与资助项目的选择方面具有难以避免的滞后性和片面性,但对于低碳创新而言,政府的资助方向却相对明确,这也会造成政府投入的低碳创新绩效高于传统创新绩效的现象。

其次看政府规制的效果。根据《中国统计年鉴》的解释,工业污染治理投资是环境污染治理投资的一部分,主要包括治理废水、废气、固体废物、噪声和其他等方面的投资。工业污染治理投资虽然也包括政府补助,但主要还是企业的主体行为(以 2010 年为例,中国工业污染治理投资总额为 397 亿元,其中企业自筹 370 亿元,企业自筹占比达95%以上),因此工业污染治理强度反映了当地企业在环境治理方面付出的成本,从而代表该地区的实际环境规制强度。此外,政府投入占工业污染治理投资的比重较小(2010年仅为3.8%左右),这使其与政府直接资助重叠程度较小。表8-3的研究结果显示,政府低碳管理能力与低碳创新效率显著正相关,说明政府的政策引导对低碳创新效率的提高有着积极作用,这点与Johnstone(2005)和Horbach(2008)的研究结论一致。与政府直接资助对低碳创新效率作用显著的结论相结合可以得到:对于具有"双重外部性"的低碳创新而言,政府一方面可以通过财政直接扶持的方式,启动和激励当地的低碳创新;另一方面也可以通过政策规制的间接方式引导和鼓励当地的低碳创新。

产业结构与低碳创新效率的关系。表8-3的研究结果显示,产业结构对低碳创新效率的影响系数虽然为正,但没有通过显著性检验。由于文中使用高新技术产值比重来衡量产业结构,上述结果说明中国高新技术产业的创新活动还是更多地追求经济效益,对低碳方向的创新产出尚不够重视,高新技术产值比重的提高并没有显著提高低碳创新效率。鉴于此,需要进一步大力发展高新技术产业,努力提高产业附加值和攀升产业价值链,在以经济效益激励高新技术产业创新的同时,也需要通过资源、环境等领域的价格改革以及扩大碳排放交易试点范围等方式,引导高新技术产业对低碳效益的追求,以便充分发挥高新技术产业在低碳社会中的技术引领作用,提升中国的低碳创新效率。

外商直接投资与低碳创新效率的关系。表8-3的研究结果显示,FDI对低碳创新效率的作用并不显著。这与Li(2004)发现FDI对环境效率的影响不显著有类似之处。事实上,FDI无论是对东道国传统创新效率的影响,还是对东道国低碳创新效率的影响,都具有复杂的关系。从传统创新效率来看,一方面FDI可以带来国际先进技术和管理理念,通过示范效应、竞争效应、联系效应、人力资本流动效应等途径提升内资企业的创新能力;另一方面FDI对产业链高端环节的控制也会对内资企业形成冲击,"市场攫取效应"降低了内资企业的生产规模和利润水平,抑制了东道国创新能力。从低碳创新效率来看,一方面FDI为了凸显自身在东道国的社会责任和企业形象,有动力引进低碳生产技术,同时外资企业较大的生产规模也使其拥有低碳生产的规模效益;但另一方面,由于发达国家的环境规制较为严格,而发展中国家的环境规制较为宽松,FDI也会相机选择环境规制较低的地区,导致FDI规模性增长带来环境效率降低(涂正革,2008)。表8-3的实证结果表明,FDI影响低碳创新效率的正负效应部分抵消,FDI对低碳创新效率的影响并不显著。

地区经济发展水平与低碳创新效率的关系。为消除样本数据的非平稳趋势,对人均GDP变量取对数。研究结果显示,经济发展水平与低碳创新效率有显著的正相关关系。王群伟等(2010)也得出经济发展水平对二氧化碳排放绩效有正面影响的结论。这说明经济发展是低碳经济的基础,经济发展不仅可以提高二氧化碳排放绩效,也可以提升创新活动的低碳效益。经济发展水平较快的地区如东部地区,更早地遇到了资源、环境的约束,相对于中、西部地区而言也就更为关注低碳创新,其低碳创新效率也相对较高。

公众环保意识与低碳创新效率的关系。一般来讲,公众接受高等教育比例越高,其环保意识就相对越强烈。研究结果显示,公众的环保意识与低碳创新效率存在显著的正相关关系,表明公众的环保意识对当地低碳创新活动的开展和推广有着重要作用。公众环保意识无论是从需求端倒逼企业重视低碳创新,还是从公众参与层面促进政府加强低碳管制能力都具有积极的作用。因此在促进中国低碳创新成为创新"主流"的过程中,需要特别注重公众在低碳创新中的关键作用和推动力量。

表 8-3 低碳创新效率的影响因素分析

变量	OLS(混合回归)		FE(固定效应)		RE(随机效应)	
	系数	t-Stat	系数	t-Stat	系数	t-Stat
常数项	−1.95	−4.98**	−2.52	−4.49***	−2.59	−5.52**
GIST	−0.21	−0.17	2.14	1.93*	2.07	1.91*
LCMA	−36.94	−4.26**	16.59	2.56**	12.46	1.94*
IS	0.80	3.79***	0.19	0.76	0.28	1.29
FDI	0.10	2.05**	−0.05	0.27	−0.04	−0.86
lnPGDP	0.28	5.97***	0.33	5.13***	0.33	6.15***
PAEP	−0.88	−2.49**	1.02	2.80***	0.85	2.41**
R^2	0.50		0.35		0.38	
观测值	392		392		392	

注:***、**、*分别表示估计系数在1%、5%、10%水平下显著。

8.4 本章小结

中国正处于低碳转型的路口,在发展低碳经济的过程中,科技创新是重要的支撑力量,也是实现经济发展和环境保护"双赢"的关键。

低碳创新效率较高的是上海、广东、天津、浙江、江苏等,江苏的平均低碳创新效率达到0.8左右,与上海的差距相对较小。相较于西部地区,江苏等东部地区更早面临经济发展过程中的资源消耗和环境污染问题,同时资源、环境的约束也更为显著和严重,上述因素都"倒逼"东部地区的创新活动逐渐向低碳方向发展。江苏等东部地区经济发展水平的提高也增强了当地公众的低碳意识,从需求端也拉动了低碳创新活动的开展。此外,江苏作为全国经济领先的大省、强省,有较充足的人才、技术资源以实现较高的低碳创新效率。

　　同时我们也探讨了影响低碳创新效率的相关因素。结果显示:政府可以通过资金直接资助、环境规制间接引导两种方式促进低碳创新效率的提升;地区经济发展水平、公众的环保意识都对低碳创新效率的提高起到了积极作用;外商直接投资、高新技术产业比重等变量对低碳创新效率的影响不显著,前者可能是因为FDI对低碳创新效率的正负效应抵消的结果,后者可能是由于中国高新技术产业的发展过程中还没有足够重视技术创新的低碳倾向。

第九章　基于公众参与视角的
江苏建设节约型社会分析

前面章节从宏观或中观视角分析了江苏节约型社会的建设进程。为了丰富研究视角，本章从微观层面对江苏建设节约型社会进行探讨，使用问卷调查方法对三个代表性城市（南京、苏州、连云港）进行实地调查。

作为建设节约型社会的主体和受益者，公众及其参与度对建设节约型社会有着重要的影响。本章从节约知识、节约态度、节约行为等角度对江苏建设节约型社会中的公众参与进行调研，了解江苏公众对于建设节约型社会的认识程度和参与程度，找出问题与不足，以便提出合理有效的建议与对策。

9.1　国内外公众参与建设节约型社会的文献综述

在国家的"十一五"规划中，首次将"建设资源节约型、环境友好型社会"作为基本国策提到前所未有的高度。从此，建设节约型社会引起了社会各界的广泛关注。

从以往的研究来看，对建设节约型社会的研究多从宏观和中观的层面进行，主要集中在节约型社会发展的概念和内涵上，探讨资源减量节约、污染减排节约、社会进步、经济发展等节约型社会发展能力综合评价指标（肖思思等，2008），或者是研究经济增长和能源消耗之间的关系，探究节约型社会建设过程中存在的政策、体制、机制上的障碍（蒋惠琴，2007），但对公众参与节约型社会建设方面的研究还不够深入。

通过对文献的总结我们可以看到：虽然环境保护、生态文明建设和自然资源管理等都是建设节约型社会的重要举措，但已有文献中直接提及公众参与对节约型社会建设作用的较少，只是从节约消费行为（王建明，2007）或者环境意识（宋言奇，2010）等单一角度进行研究，而从节约知识、节约态度、节约行为等方面对建设节约型社会进程中的公众参与进行综合研究的也相对较少。

另外，也有部分学者从微观层面探讨了节约型社会的建设，不过大多强调了节约型政府要起到带头作用，做好表率并引导企业和公众构建节约型社会（王凤和雷小毓，2006），或重点研究了节约型企业的行为，分析它们是如何贯彻资源节约这一理念（王建军，2007）。

已有研究公众参与的文献大多是从理论的角度切入,或者采用自上而下的分析方法。虽然也有部分学者使用问卷进行调查,但是针对江苏的并不多。因此,本章采用问卷调查的形式,并从节约知识、节约态度、节约行为等方面来探究公众对节约型社会关注和认识的现状,并从微观视角为加强节约型社会建设提出针对性的建议。

9.2　抽样群体基本情况及调研内容

本次调查对象为江苏省的南京、苏州和连云港三个城市的公众。受到调查时间、研究经费以及调查能力的限制,本次调查一共获得有效样本 271 个,其中连云港的样本数为 107 个、南京的样本数为 93 个、苏州的样本数为 71 个。

在所有被调查者中,从年龄来看,年龄在 18 周岁以下的占 9.7%,18-28 周岁的占 47.2%,29-50 周岁的占 33.9%,50 周岁以上的占 9.2%;从文化程度来看,初中及以下文化程度的占 11.1%,高中及中专文化程度的占 22.5%,大专及本科文化程度的占 56.5%,研究生以上文化程度的占 9.9%;从居民户口性质来看,城市居民占 46.9%,农村及城市郊区居民占 53.1%;从性别来看,男性占 41.3%,女性占 58.7%;从收入水平看,家庭年收入在 8 万元以下的占 37.2%,8-25 万元的占 49.8%,25-30 万元占 7.8%,30 万元以上的占 5.2%。

调查问卷主要从节约知识、节约态度、节约行为三方面来分析江苏建设节约型社会中的公众参与现状,同时问卷中还加入了公众对节约型社会现状的认知及建议等开放性问题。其中节约知识主要为了反映公众节约知识水平和节约教育的有效程度;节约态度主要为了显示被调查者的节约意识与节约意愿;节约行为则是对于被调查者日常生活中节约执行状况的调查;对节约型社会现状的认知及建议则是为了反映公众对包括社会节约环境、社会节约设施等方面的社会整体节约状况的认识。其中,节约知识与节约态度有着一定的内在联系,共同对公众的节约行为有直接的影响,同时节约型社会的现状认识也会对个人的节约行为有间接影响。因此我们通过对这 4 个方面的调查分析,以了解公众对江苏节约型社会建设的认知程度与参与程度。

9.3 建设节约型社会的公众参与分析

9.3.1 节约知识

1. 废旧电池处理方式

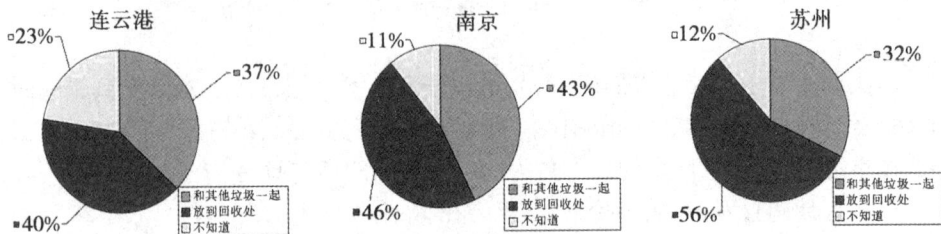

图 9-1 废旧电池处理方式

限于篇幅，我们这里仅对重要的问卷问题进行分析。对于如何处理废旧电池，我们给出了"和其他垃圾一起直接扔进垃圾桶"、"放到回收处"、"不知道，随意处理"三个选项。调查结果显示：在我们选取的连云港、南京、苏州三座代表性的城市中，苏州公众的节约知识相对较好，将废旧电池放到回收处的比例明显高于连云港和南京。如图9-1所示，在处理废旧电池的方式上，苏州居民选择"放到回收处"选项的比例为56%，高于南京居民的46%和连云港居民的40%。考虑到这三个城市中，无论是经济总量还是人均GDP，三个城市的排名都是苏州第一、南京第二、连云港第三，这在一定程度上说明节约知识掌握程度可能与经济发展程度有一定的关系。

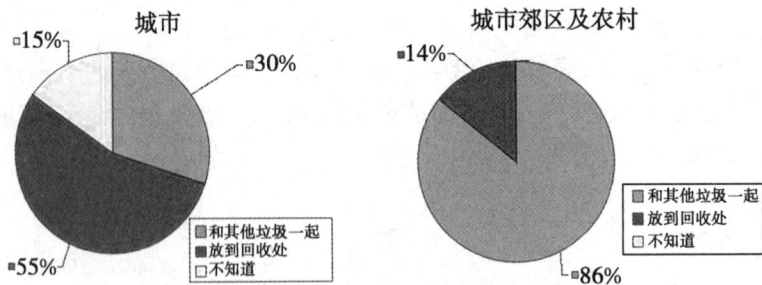

图 9-2 基于城乡差异的废旧电池处理方式

从城乡差异来看，江苏城市居民和农村居民掌握节约知识的差距还有待提升。如图9-2所示，同样是对废旧电池的回收处理，城市居民选择"放到回收处"的比例达到55%，即超过一半的公众会选择正确的处理方式。而在农村及城市郊区,只有14%的居民选择"放到回收处",高达86%的人会不加辨别地将废旧电池和其他垃圾一起直接扔进垃圾桶,这说明城市郊区及农村居民的节约知识还相对不足,对农村及城市郊区广大公众节约知识的宣传力度和培训力度还需加大。

2. 低碳生活概念

是否了解低碳生活的概念是我们考察公众掌握节约知识水平的另一项重要问题。在对待"您对低碳生活的概念了解吗"的问题上,南京、苏州和连云港这三个城市公众的选择结果较为接近。如图9-3所示,有35%的居民表示"了解,在践行",约有11%的居民选择"不了解",54%的居民则选择"了解但做不到"。这说明"低碳生活"的概念虽然在江苏省内有所普及,但仍有较大的提升空间,因为有65%的居民没有在实践低碳生活。

3. 节约知识来源

我们考察公众掌握节约知识水平的另一项重要问题是关于节约知识的来源。调查结果如图9-4显示。由图9-4可以看出,在被调查者中,对于节约知识的来源有30%的人选择了"家庭教育",32%的人选择"学校教育",另外36%的人则选择了"社会教育"。三种节约知识来源相近的比例关系说明了在节约教育方面,家庭、社会、学校都是提高公众节约知识的重要来源,都不能放松。从建设节约型社会的视角来说,来自社会的节约教育更应该引起重视。

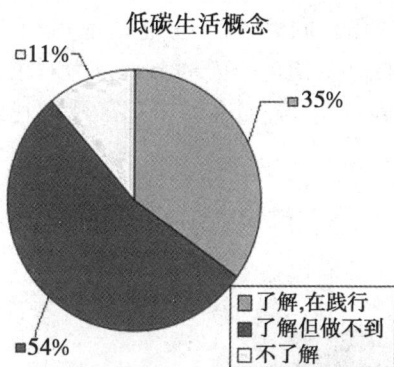

图9-3 对低碳生活概念的了解程度　　图9-4 节约知识来源结构

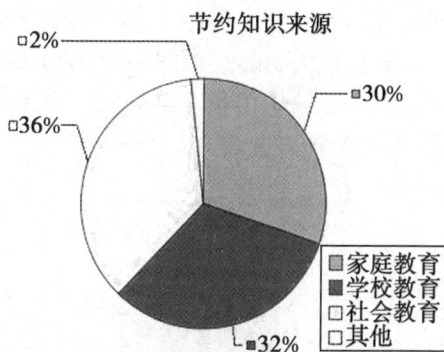

9.3.2 节约态度

1. 日常节约情况认知

在节约态度方面,我们首先试图找出居民对自身及周围节约情况的真实想法。调查结果显示,大部分居民对自身及周围节约情况表示不乐观。如图9-5所示,在三个城市中,只有4%左右的被调查者认为身边的浪费现象很少。认为身边的浪费现象很严重的,连云港、南京、苏州三个城市的比例分别为48%、39%、38%。认为身边浪费现象一般的,连云港、南京、苏州三个城市的比例分别为

41%、55%、48%。将浪费现象一般和浪费严重的相加总,可以发现三个城市中都有超过80%的被调查者认为身边的浪费现象不乐观,认为自己在生活中存在着浪费现象。由上述调查结果也可以看出,江苏的资源节约还有较大的提升空间。

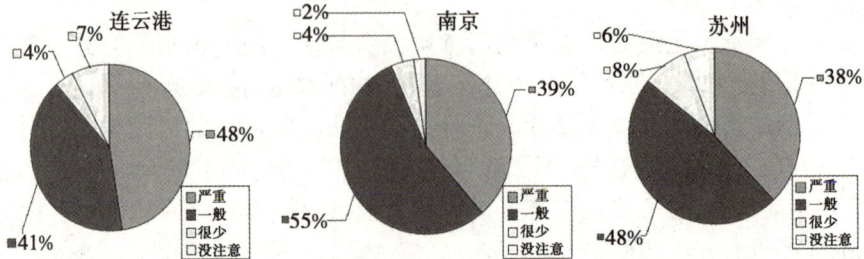

图9-5 您觉得您周围浪费资源的现象严重吗

除了三个城市中公众普遍存在严重或一般的浪费现象,更严峻的问题是公众对于个人的节约行为对改善社会资源短缺现象的作用存在信心不足。调查数据显示,三个城市中只有48%的被调查者认为个人的节约行为对于改善社会资源短缺很有必要,有52%认为个人的节约行为对于改善社会资源短缺作用很小甚至没有作用,即超过一半的被调查者认为个人单独的节约行为不能影响整个社会的节约状况,从这点可以看出,建设节约型社会确实需要全社会的共同努力,政府在推动建设节约型社会进程中应起到引导和带到作用。同时,对于上述结论,城乡居民的差异也较为明显。如图9-6所示,在城市地区,认为个人的节约行为对于改善社会资源短缺作用很小甚至没有作用的比例有52%,而在城市郊区及农村地区,这个比例则高达80%。

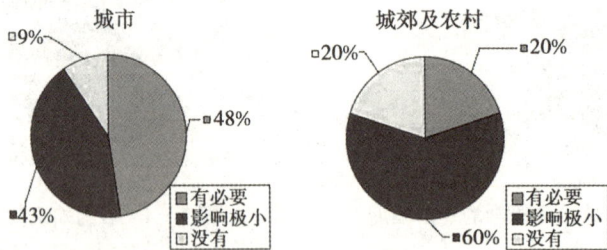

图-6 基于城乡差异的居民节约行为对构建节约型社会的作用

2. 阻碍居民节约习惯养成的原因

我们也对阻碍居民节约习惯养成的原因进行了调查。结果如图9-7所示。对于阻碍居民节约习惯养成的原因,32%的被调查者表示生活习惯已经定型了,很难改变;13%的被调查者认为个人的节约行为没什么意义;28%的被调查者认为社会风气如此,个人有心无力;27%的被调查者认为公共配套设施跟不上。由此可见,阻碍居民养成节约习惯的原因是多方面的,既有社会风气的原因,也有生活习惯的原因,还有公共设施不足的原因。

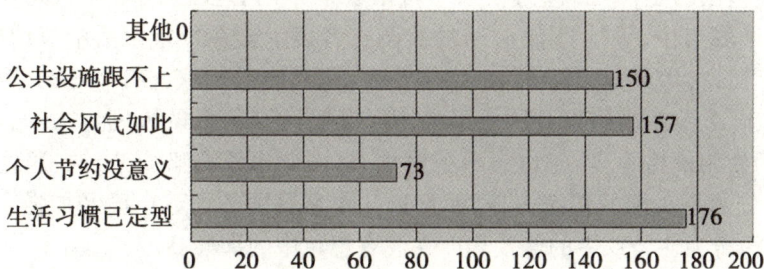

图 9-7 阻碍居民节约习惯养成的原因

以上调查显示,江苏居民日常生活中的浪费现象比较严重,居民普遍对自己及身边的浪费现象不满,对节约行为有着良好的意愿。但另一方面,居民对个人节约行为的信心严重不足,没有良好的节约动机刺激节约态度转化成节约行为。这是由多方面的原因引起的,例如生活习惯、社会风气、不完善的公共设施等都会对居民的节约态度造成影响。

9.3.3 节约行为

1. 资源节约情况(以用水为例)

为评价连云港、南京、苏州三个城市居民整体节约情况,我们对被调查者的家庭用水、用电、用气情况进行了调查。这里以用水量作为代表进行分析。如图 9-8 所示,由调查结果可以看出,连云港居民在整体节约资源方面(即月用水量较少的比例)领先于南京、苏州,但仍有 10% 的家庭用水浪费比较严重。苏州居民用水量较多的占比相对较大。一方面可能是由于苏州的物价水平高于连云港,导致平均水费较高;另一方面考虑到南京、苏州和连云港人均 GDP 的差异性,我们认为居民生活水平对月均用水量也有着一定的影响。由此可见,随着江苏经济的进一步发展,人均生活水平的进一步提升,用水量可能会进一步增大。

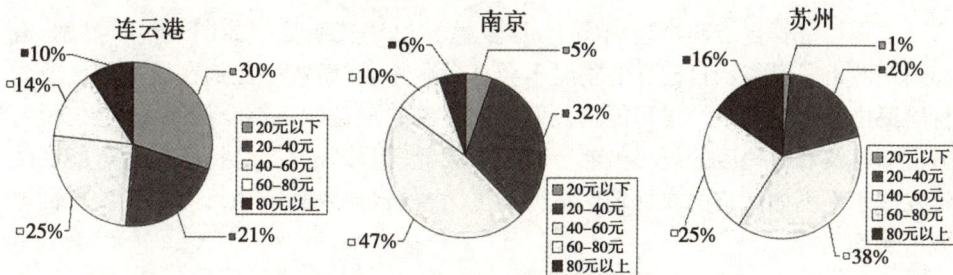

图 9-8 三市家庭平均每月水费情况

2. 节约行为普及程度

值得指出的是，节约行为在三个城市公众中的普及性还不够。调查结果显示，在三个城市中，平均只有44%的被调查者表示会在日常生活中节约使用水、电、煤气等日常生活中的资源；51%的人表示虽然自己与家人有一定的节约意识，但并没有什么节约措施来节约使用水、电、煤气；还有5%的人则认为水、电、燃气等资源的使用价格不高，省也省不了多少钱，因此也没有必要节约。这些数据说明，虽然节约是我国的传统美德，而且近几年来我国和江苏也已经加强了节约教育，但节约行为在公众中的普及程度并没有想象中的那样高。

免费的塑料购物袋已经被禁止，许多大型的商家也都开始拒绝提供免费塑料购物袋，而是有偿提供易降解或可重复使用的购物袋。但我们在调查中也发现，许多小的商店以及一些公众经常去的菜市场仍然提供免费的塑料袋给消费者，这在一定程度上降低了公众购物自带环保购物袋的积极性。我们对三个城市公众在购物时是否自带购物袋这一问题进行了调查。结果如图9-9所示，22%的连云港被调查者表示不会自带购物袋，苏州则有25%的人表示不会带，高于南京9%的比例。这说明虽然免费购物袋已被禁止多年，自带购物袋购物已经成为大部分居民的共识，但仍有相当一部分人不会自带购物袋购物。我们认为，除了继续提高公众节约意识之外，全面禁止非降解的塑料购物袋的使用，也需要尽快提上日程，尤其是菜市场和小商店应该是重点关注对象。

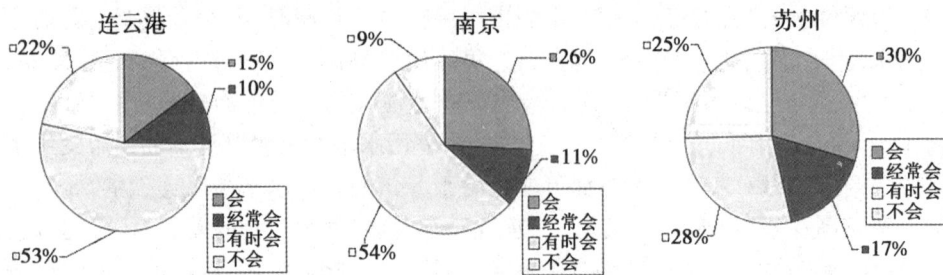

图9-9　购物是否自带购物袋

在购物是否自带购物袋问题上，城乡差异也比较明显。如图9-10显示，有15%的城市居民表示自己在购物时不会自带购物袋，而这一比例在城市郊区及农村居民中为零。这个结果可能与我们调查对象的覆盖性不够全面有关，但也说明城市郊区及农村地区的居民虽然节约知识较低，但传统的勤俭持家理念可能在经济发展水平不如城市的农村地区贯彻的更为普遍，导致其节约行为在某些方面比城市居民稍好。

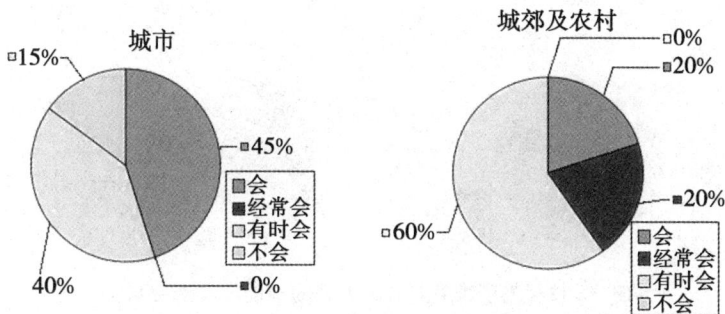

图 9‐10　基于城乡差异的居民自带购物袋行为

3. 是否会购买节能产品

关于是否会购买节能产品,调查结果参见图 9‐11。三个城市中大部分的被调查者都愿意购买节能产品,但是每个城市都仍有约 20%的人表示无所谓甚至不愿意购买。我们也对这一问题进行了更为深入的调查,发现了以下结论:节能产品与非节能产品在价格方面相差不大的情况下,多数消费者愿意购买节能产品,甚至节能产品价格略高也可以接受,比如变频冰箱虽然价格略高,但其省电的节能性质仍然使得多数消费者愿意为此买单。但在节能产品与非节能产品价格相差较大的情况下,多数消费者不愿意购买节能产品。如目前的节能汽车,其与同级别的传统汽车的价格相差较多,价格差距甚至可以购买几年的汽油钱,这种情况下消费者购买节能产品的积极性并不高。

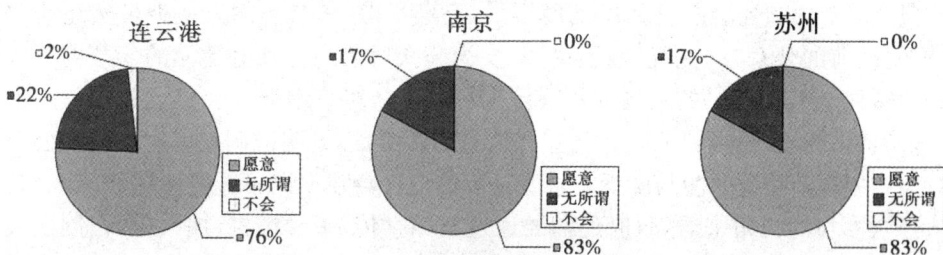

图 9‐11　是否会购买节能产品

我们分析了收入水平对节能产品消费意愿的影响。结果如图 9‐12 所示。从家庭年收入来看,年收入较低的家庭愿意购买节能产品的比例为 82%,高于中等收入家庭的 67%,这说明就节约行为而言,中等收入家庭并不明显好于较低收入家庭。结合问卷中关于节约目的的调查,可以认为,江苏居民进行节约的主要动机是省钱或因习惯使然,而非出于对资源及环境的担忧,一旦收入提高,他们的节约行为很可能不能继续。这对于建设节约型社会是一个潜在的威胁。

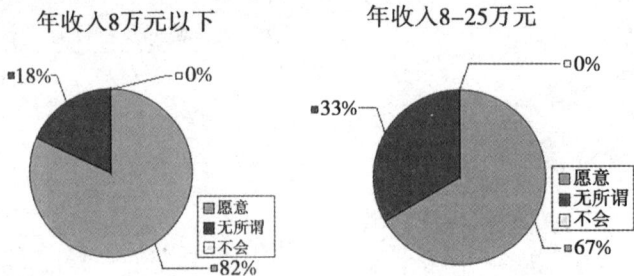

图 9 - 12　基于家庭年收入差异的节能产品消费意愿

通过数据可以看出,江苏公众的节约行为并没有想象的那样普及,并且出现了节约行为与节约知识、节约态度不一致的情况,尤其在地区对比、城乡对比和家庭年收入对比中十分明显。这说明江苏部分居民的节约动机不足,居民的节约行为仍然有待提高。

9.3.4　认知情况

对于我国的公众节约教育,32%的被调查者认为还不够普遍,62%的人认为目前的公众节约教育仅仅达到一般水平,只有 6%的被调查者认为我国现在的公众节约教育已经足够好。这说明,我国公众节约教育的公众满意度不高,还有很大的进步空间。

我们还对公众对节约型社会建设的参与度进行了调查,如图 9 - 13 所示(有10 位被调查者没有回答此问题,故此题的样本数为 261 个)。只有 2%的人认为目前公众对节约型社会建设的参与度很好,已经足够了;47%的人认为虽然还需改进,但目前的公众参与度已经不错了;认为公众对节约型社会建设的参与度不太好的达到了 46%,5%的被调查者则认为目前公众对节约型社会建设的参与度很差,二者比例相加达到 51%,超过了被调查者的半数,说明被调查者对于目前公众对节约型社会建设的参与度不太乐观。节约型社会建设离不开公众的积极参与。从公众参与的视角来看,政府还需要通过新闻宣传、平台提供、加大投入、制度设计等方面来提升公众在节约型社会建设进程中的参与度。

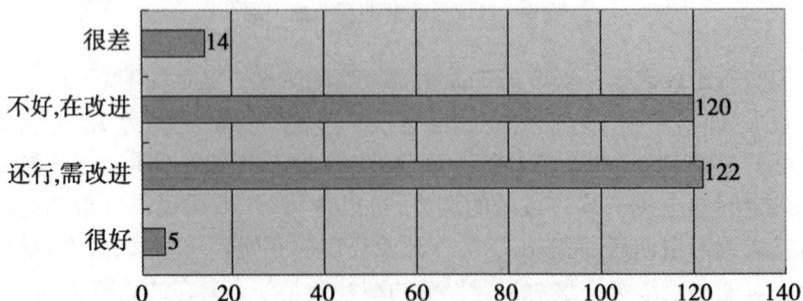

图 9 - 13　公众对节约型社会建设参与度的认知

对于居民参与节约型社会的阻碍,我们以垃圾分类为例进行了调查。被调查者认为阻碍垃圾分类实现的原因最主要的是"居民缺乏环保意识,没有良好的习惯",其次是"垃圾分类回收处理体系不健全"(图9-14)。这说明,节约意识与习惯和配套设施的不完善,是阻碍居民参与节约型社会建设的最大障碍。通过与部分被调查者访谈后,我们发现,除了环保意识和节约习惯之外,垃圾分类体系确实存在一定的问题。以南京为例,虽然部分居民小区设置了颜色各异的分类垃圾桶,虽然小区居民也有意识地向分类垃圾桶中投放相应的垃圾,但进入小区收垃圾的车辆和人员并没有将小区的各色垃圾桶分类回收,而是全部一起装在垃圾车上,这一行为一定程度上打击了部分践行垃圾分类的公众积极性。因此,设置分类垃圾箱,仅仅是开始,还需要系统的配套措施的跟进。

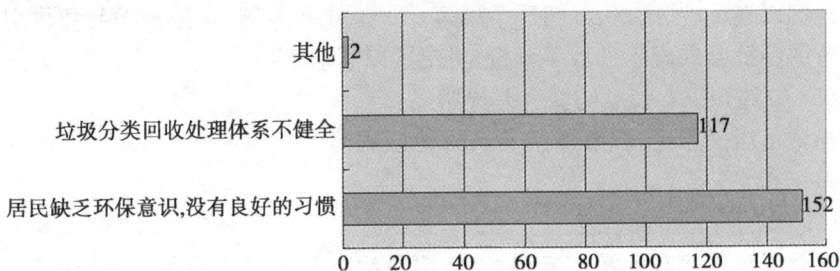

图9-14 居民参与节约型社会的阻碍

关于公众通过何种途径参与节约型社会,我们也进行了调查。结果如图9-15所示。要提高公众节约意识及节约型社会参与度,29%的人认为最重要的是"加强建设节约型社会的思想宣传";28%的被调查者认为"建设完善的社会配套设施",如完善的垃圾回收处理体系、良好的节约氛围更有利于提高公众节约意识及节约型社会参与度;同时有24%的人认为"给予可量化的节约行为补贴或优惠",如购买小排量汽车可减税的措施比较有效;还有20%的人认为可以"树立节约典型",用榜样力量带动节约。上述结果显示,要促进公众积极参与节约型社会建设,需要多管齐下,既要重视宣传普及,也要重视社会配套设施的完善,同时还需要政府的公共投入。

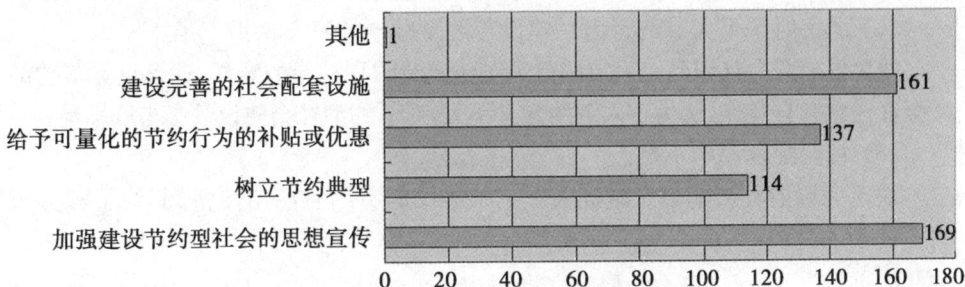

图9-15 居民参与节约型社会的途径

由以上调查数据可见,江苏节约教育的公众满意度不高,公众对节约型社会建设的参与度不乐观,节约意识与习惯和配套设施的不完善等严重阻碍了居民参与节约型社会建设。这说明公众节约教育还有很大的进步空间,节约型社会建设需要更多公众的积极参与,而促进公众的积极参与,需要社会、政府、居民的合力突破,多方协同。

9.4　本章小结

9.4.1　江苏建设节约型社会存在的问题——公众参与角度

我们以连云港、南京、苏州三个城市 271 个样本为例,从公众参与角度对江苏建设节约型社会的现状进行了分析,得出了以下结论:

(1) 节约知识普及度的城乡差异明显。

与城市居民相比,城市郊区及农村地区的节约教育明显欠缺,居民的节约知识较差。

(2) 节约行为不够普及。

江苏居民普遍有良好的节约态度,但节约行为还不够普及,居民在某些方面的浪费现象比较严重。不良的社会风气和生活习惯以及不完善的社会配套设施对居民养成良好的节约习惯有很大的负面影响。

(3) 节约知识的普及程度与经济发展有一定关系,但节约知识的掌握程度和节约行为的自觉度不一定相一致。

相比较而言,经济发展较好地区居民的节约知识掌握程度也比较好,但节约知识掌握程度高的,不一定有更多的、自觉的节约行为。如苏州居民的节约知识掌握相对较好,但节约行为并没有明显好于连云港和南京,甚至在某些方面稍差于其他两个城市。城乡对比也有这样类似的现象。

(4) 居民对于环境与资源问题认识不足,节约动机有偏差。

大部分居民节约的目的是省钱或者习惯而非出于对环境的担忧,一旦收入增加或生活标准提高,将很容易打破节约的生活方式而习惯于浪费。

(5) 居民对于个人节约行为对建设节约型社会的意义认识不足。

居民没有充分认识到个人节约行为对建设节约型社会的意义,缺乏自觉节约的社会责任感和自觉性,认为个人节约意义不大,对节约型社会建设的参与度不足。

(6) 社会配套设施不足。

缺乏完善的社会配套设施极大影响了居民的节约意愿与热情,制约了江苏节约型社会的建设。

9.4.2　结合江苏建设节约型社会的实际,我们提出以下几点建议:

(1)加强公民教育,提高公众节约意识。

从家庭教育、学校教育和社会教育三方面入手,加强公众节约教育,重点抓好社会教育。倡导和践行资源节约、环境友好的生活方式,达到人与自然的和谐。

(2)着重关注城市郊区及广大农村地区的节约教育,推动节约知识普及。

城市郊区及广大农村地区居住着我国半数以上的居民,他们的节约行为对我国建设节约型社会有重要作用。在城市郊区和农村地区普及节约教育,提高城市郊区及农村地区居民的节约意识,培养他们的节约行为,是江苏建设节约型社会的必然要求。

(3)加强环境、资源问题宣传,纠正居民节约动机。

公众是节约型社会的建设者,美好的家园、和谐的社会需要每个公民的积极参与。要纠正居民的节约动机,让居民认识到个人节约行为的重要作用,树立高度的社会责任感,让公众成为资源节约、环境保护的主人翁,而不是旁观者。

(4)建设完善的社会配套设施,为居民参与节约型社会建设提供有力基础。

完善的社会配套设施是建设节约型社会的基础。有了完善的社会配套设施,节约教育才能发挥最大作用,公众参与才能可持续。

(5)对于某些可以量化的节约行为给予补贴或优惠措施。

对于某些可以量化的节约行为给予补贴或优惠措施,可以鼓励、引导节约意识不够强或节约态度不正确的居民参与节约型社会建设,再通过持续的节约教育提高公众参与度。

(6)政府机关带头参与节约型社会建设。

政府机关单位聚集着所有百姓的目光,百姓也十分关注政府机关单位的节约行为。政府机关单位带头参与节约型社会建设,杜绝浪费行为,营造良好的社会节约氛围,对公众参与建设节约型社会具有积极的示范作用。

第十章　主要结论与政策建议

10.1　主要研究结论

10.1.1　节约型社会的内涵

结合国内、外学者对节约型社会内涵的研究,本书认为节约型社会的内涵主要体现在以下五个方面:第一,建设节约型社会,要提高资源利用效率,最大限度地节约资源;第二,建设节约型社会,要尽可能地减少对环境的扰动;第三,建设节约型社会,要争取经济效益、社会效益、绿色效益的共赢;第四,建设节约型社会的重要抓手之一是产业的节约,建设节约型社会最终要落实到产业上;第五,建设节约型社会,要以科技进步为支撑,最终实现资源、环境、经济、社会的协调发展。第六,建设节约型社会,离不开公众的支持与积极参与。

10.1.2　江苏建设节约型社会的现状分析

(1)通过建立综合评价指标体系,对江苏和其他省份的节约型社会的评估可以发现:

江苏节约型社会的评估值在东部九个较发达省份中位居中游,与排名第一的北京差距较大。

创新支撑指标与北京、上海、天津等发达省市仍有一定差距。江苏的创新支撑排名虽超过了全国的大部分地区,但得分仅为排名第一的北京的1/3,为排名第二的上海的1/2,差距很明显。

在资源利用效率方面,江苏与全国平均水平相当,但与北京和上海尚有差距。江苏的单位水资源产出为88.94元/立方米,与江苏紧邻的上海这一指标达到了152元/立方米,北京的这一指标更是达到了461.75元/立方米。

在资源消耗方面江苏排在9个省份的末位。江苏人均年用水量达到了704.40立方米,几乎为北京的4倍;人均用电量也远超过全国平均水平。出现上述结果,一方面是江苏人均收入水平较高,对资源消耗需求较大,但另一方面也说明江苏的人均资源消耗量还有压缩的空间。

江苏建设节约型社会的优势在于环境治理和循环利用方面,得分仅次于浙江排名第二,在废水排放达标率、废气综合处理率和固体废弃物综合利用率方面均领先全国,但三废利用产值占 GDP 比重 0.45% 仅为浙江省 0.88% 的一半。

从动态的视角来看,虽然在节约型社会的大部分指标层上江苏的得分有所提高,但提升幅度较小,以至于综合排名被发展更快的浙江超越。同时江苏在人均用水、单位 GDP 废气排放等指标层有恶化趋势,不得不引起警惕。

(2)通过建立综合评价指标体系,对江苏省内 13 个城市建设节约型社会的评估可以发现:

从区域来看,江苏内部资源节约程度差异巨大。苏南 5 市的资源节约水平远高于苏中 3 市,苏中 3 市又要明显超过苏北地区的 5 个城市。苏州、无锡、常州、南京和镇江分列 1-5 位,这也基本与这 5 个城市的经济发展水平序列相同。

位于苏中地区的扬州、泰州和南通的排名分别为第七、第九和第六,它们的经济发展水平和社会进步程度在江苏都位于中等水平,与苏南地区的差距主要体现在创新能力的缺失。R&D 经费支出占比、万人科研人员数虽然和苏北地区相比具有整体优势,但和苏南地区相比仍有较大差距。在资源利用效率、资源消耗和污染排放强度方面普遍表现不佳,这说明苏中地区多集中了高能耗和高污染排放的产业,维持经济增长需要消耗大量能源。

徐州、连云港、淮安、盐城和宿迁,它们集中分布在江苏北部地区,在经济发展、社会进步、创新支撑和污染排放方面的得分相近,都处于全省中、下游水平;只有资源消耗一项表现稍好,节水、节电程度较高。

从动态的视角来看,江苏 13 个城市节约社会进程得分的地区梯级差异一直很明显,而且苏南地区的节约程度与其他地区的差距有逐渐扩大的趋势。

苏南 5 市在环境治理、经济发展、社会进步和创新支撑方面一直保持着强劲的势头,牢牢占据了排行榜的前几位,这与苏南地区良好的经济基础和深厚的文化底蕴是分不开的。在资源利用效率和污染排放强度两个准则层也有很大的提高,这说明近些年来苏南地区有效地改进了生产技术,提高了生产效率;另一方面苏南 5 市的工业产业已由服务业所替代,这从它们的第三产业比重大幅提升可以看出。至于苏南的资源消耗,不管是人均用水还是人均用电都有持续上升的趋势,其原因可能是由于苏南 5 市经济增速快,人民生活水平也随之持续提高,从而导致生活用水量、用电量上升。总之苏南地区节约社会宣传的加强已经迫在眉睫。

苏中 3 市的整体排名和得分都有所上升,这主要得益于 3 市在节能减排上做出的努力。泰州的资源消耗指数和扬州的污染排放强度指数都有了明显的改善。不过苏中在环境治理与循环利用上还需加大实施力度和投入,3 市的该项指标呈现出下降的趋势。

纵观苏北的统计数据,可以看出近些年来苏北 5 市在节约型社会进程中的综合排名整体下降,其中宿迁下降幅度最大。导致宿迁社会节约程度排名下降的主要原因可以归结为资源利用效率的降低和污染程度的加深。另外，虽然苏北整体得分下降，却没影响到连云港综合排名的上升。连云港在资源和环境各项指标上的得分都取得了明显的进步，其社会、经济各项指标也取得了一定的进展，为此苏北其他各市应该借鉴连云港的发展经验，以期在社会经济和环境保护等方面取得全面发展。

（3）基于行业视角对江苏建设节约型社会的能源消耗分析可以发现：

金属冶炼及压延加工业、化学工业、非金属矿物制品业、石油加工炼焦及核燃料加工业等加工型行业是长三角能耗总量、直接能耗系数和完全能耗系数均较大的行业，同时也是产值比重较高的行业。江苏作为长三角经济圈重要组成之一，更需要将以上行业作为节能减排的重点行业。一方面要优化能耗结构，适当减少煤炭等化石能源的使用，增加可再生能源的比重；另一方面要鼓励开发和使用节能降耗技术，对产业内部的制造工艺进行改进，降低单位产品的化石能源使用量。此外，政府还应该颁布相应的政策法规，建立有效的激励机制和灵活的退出机制，例如对能耗、环境污染以及碳排放等征收一定税款，倒逼能耗较高行业进行技术革新和产品创新，同时积极引导部分产能较小、排放不达标准、生产技术落后的企业逐步退出上述行业。

尽管通信设备计算机及其他电子设备制造业、仪器仪表及文化办公用机械制造业、电气机械及器材制造业以及各类设备制造业等的直接能耗系数较小，但是这些行业在生产过程中对各类中间投入的资源性产品消耗量大，使其能耗总量显著大于其他行业。对于这些"隐性高能耗行业"，需要更加关注其产业间关联引致的较大能耗，从完全能耗的角度促进其节能减排。一方面，政府要有针对性地对这些行业制定相应的节能减排措施，考虑并着重关注行业之间的联系，从统筹全局的角度降低通信设备计算机及其他电子设备制造业等行业的能耗水平；另一方面也要激励这些行业不断更新设备，采用先进节能技术和工艺，减少对高能耗产品的中间需求，从而更好地提高节能减排水平和能源利用效率。

江苏能耗总量、直接能耗和完全能耗系数高的行业也是产值比重高的行业，对高能耗行业为主的产业结构进行调整和升级应该作为江苏节能减排的方向。因此，江苏要进一步加强产业结构的调整力度，转变经济发展模式，一方面要把节约能源作为江苏产业结构调整的重要标准；另一方面要严禁实施高能耗和高污染的项目，淘汰能耗强度大、污染严重的落后产业。

（4）基于行业视角对江苏建设节约型社会的水资源消耗分析可以发现：

上海、江苏和浙江在水资源消耗量及拥有的水资源总量上有较大差异。其中，江苏用水主要集中于第一产业，节水工作的重点也同样应着眼于第一产业。

制造业中的电气机械及器材制造业和交通运输设备制造业是江苏直接用水系数较低的部门。非金属矿物制品业、化学工业和纺织业直接用水系数在两省一市中均较高，江苏应将该部门视为节水重点监控部门。

制造业下二分位各行业的完全用水系数要高于各自直接用水系数。江苏的非金属矿物制品业和浙江的非金属矿物制品业、木材加工及家具制造业都由直接用水系数较高部门变为完全用水系数较低部门。江苏的通讯设备计算机及其他电子设备制造业、木材加工及家具制造业等部门由直接用水系数较低部门变为完全用水系数较高部门。另外,江苏的仪器仪表及文化办公用机械制造业、电气机械及器材制造业及交通运输设备制造业等部门的直接用水系数和完全用水系数都较低,属"双低"产业部门;化学工业、纺织业和造纸印刷及文教体育用品制造业等部门的直接用水系数和完全用水系数都较高,属"双高"部门。

制造业的代表性高技术二分位行业即通信设备计算机及其他电子设备制造业,其完全用水系数的主要来源行业在上海、江苏和浙江基本相同,但其贡献度却显著不同。在江苏,该部门完全用水系数值主要受电力热力的生产和供应业与第一产业的影响。因此,不同区域的节水政策应因地制宜。长三角地区是我国同质性较强的经济区域,但江苏和上海、浙江不同行业间的用水差异仍具有显著的地域差异。如多数轻工业部门在三个省(市)的直接用水系数普遍存在较大差异,这一方面显示江苏可以和其他两省(市)相互学习节水经验,另一方面也说明节水政策不能生搬硬套,需要根据当地经济发展、资源禀赋和产业结构等状况而有所不同。

(5)基于技术视角对江苏建设节约型社会的技术创新分析可以发现:

低碳创新效率较高的是上海、广东、天津、浙江、江苏等,江苏的平均低碳创新效率达到 0.8 左右,与上海的差距相对较小。相较于西部地区,江苏等东部地区更早面临经济发展过程中的资源消耗和环境污染问题,同时资源、环境的约束也更为显著和严重,上述因素都"倒逼"东部地区的创新活动逐渐向低碳方向发展。江苏等东部地区经济发展水平的提高也增强了当地公众的低碳意识,从需求端也拉动了低碳创新活动的开展。此外,江苏作为全国经济领先的大省、强省,有较充足的人才、技术资源实现较高的低碳创新效率。

对影响低碳创新效率的相关因素的分析结果显示:政府可以通过资金直接资助、环境规制间接引导两种方式促进低碳创新效率的提升;地区经济发展水平、公众的环保意识都对低碳创新效率的提高起到了积极作用;外商直接投资、高新技术产业比重等变量对低碳创新效率的影响不显著,前者可能是因为 FDI 对低碳创新效率的正负效应抵消的结果,后者可能是由于中国高新技术产业的发展过程中还没有足够重视技术创新的低碳倾向。

(6)以连云港、南京、苏州三个城市为调查对象,基于公众参与视角对江苏建设节约型社会分析结果显示:

节约知识普及度的城乡差异明显。与城市居民相比,城市郊区及农村地区的节约教育明显欠缺,居民的节约知识较差。

节约行为不够普及。江苏居民普遍有良好的节约态度,但节约行为还不够普及,居民在某些方面的浪费现象比较严重。不良的社会风气和生活习惯以及不完善的社会配套设施对居民养成良好的节约习惯有很大的负面影响。

节约知识的普及程度与经济发展有一定关系,但节约知识的掌握程度和节约行为的自觉度不一定相一致。相比较而言,经济发展较好地区居民的节约知识掌握程度也比较好,但节约知识掌握程度高的,不一定有更多的、自觉的节约行为。如苏州居民的节约知识掌握相对较好,但节约行为并没有明显好于连云港和南京,甚至在某些方面稍差于其他两个城市。城乡对比也有这样类似的现象。

居民对于环境与资源问题认识不足,节约动机有偏差。大部分居民节约的目的是省钱或者习惯而非出于对环境的担忧,一旦收入增加或生活标准提高,将很容易打破节约的生活方式而习惯于浪费。

居民对于个人节约行为对建设节约型社会的意义认识不足。居民没有充分认识到个人节约行为对建设节约型社会的意义,缺乏自觉节约的社会责任感和自觉性,认为个人节约意义不大,对节约型社会建设的参与度不足。

社会配套设施不足。缺乏完善的社会配套设施极大影响了居民的节约意愿与参与热情,制约了江苏节约型社会的建设。

10.2　江苏建设节约型社会的整体思路和发展目标

10.2.1　江苏建设节约型社会的整体思路

以邓小平理论和党的十八大"建设生态文明"的重要思想为指导,全面落实科学发展观,坚持富民优先、科教优先、环保优先、节约优先的方针,以重点区域、重点行业、节约技术、公众参与等为突破方向,通过调整产业结构促进节约型社会建设,通过提高科技水平促进节约型社会建设,通过加强制度管理促进节约型社会建设,通过营造节约文化氛围引导全民公众参与促进节约型社会建设。

10.2.2　发展目标

1. 加快产业升级促进可持续发展。

走"科技含量高、经济效益好、资源消耗低、环境污染少、人力资源优势得到充分发挥"的新型工业化道路,加快形成具有规模化、信息化、标准化、国际化、服务化、绿色化的创新性制造企业。

2. 推动节约型和低碳型技术创新。

着力提升制造业节约型和低碳型自主创新能力,引导企业的节约型技术研发和推广,突破一批有利于推进节约型社会建设的共性技术与关键技术,包括高耗能行业关键节能技术、资源节约和替代技术、发展循环经济的技术等。

3. 形成浓厚的全社会节约氛围。

增强全社会的节约意识,推动资源节约的相关知识得到进一步普及,促进节约型的生产方式和消费方式成为主流,营造全社会节约的文化氛围。

4. 完善节约机制和制度设计。

形成切实有效的资源开源与节流并举的节约机制,加快形成以企业为主体,以市场为导向,以低能耗、低排放、低污染项目为支持对象的产学研网络体系。完善财政、税务、金融等多层次的制度设计,推动节约型社会建设。

10.3　江苏建设节约型社会的基本原则

10.3.1　政府推动原则

节约型社会不会自然形成,需要政府强力推动。政府可以利用政策、法律、规划、经济、管理等手段,发挥调控作用,引导企事业单位和个人乃至全社会节约资源。科学规划是长远利益的谋划,政府通过规划发挥协调作用,应在各项专项规划中突出资源节约和集约利用,制订节约利用资源的标准,引导全社会提高资源节约水平。

10.3.2　改革创新原则

节约型社会的本质要求是以最小消耗获最大的效益。为达此目的,要深化改革,建立节约型社会的法制机制,充分发挥市场机制和经济杠杆的作用,运用价格、财税、金融等手段促进资源节约和高效利用,要依靠科技进步和科学管理,加强资源保护和利用,进一步提高资源生产率和循环利用率。

10.3.3　科学配置资源原则

要严格控制高耗能、高耗水、高耗材产业的发展,坚决淘汰严重消耗资源和污染环境的落后生产力,加快产业结构调整,推进节约型增长方式,着力构建节约型产业结构,实现资源合理流转和配置,提高资源利用率和综合利用水平。

10.3.4　全面推进原则

要广泛开展节约资源的公众教育,在全社会树立节约意识、节约观念,倡导节约文化、节约文明,广泛开展内容丰富、形式多样的节约活动,积极创建节约型城市、节约型政府、节约型企业、节约型社区,从而真正成为一个节约型社会。

10.4　江苏建设节约型社会的相关举措

10.4.1　通过产业结构调整和升级促进节约型社会建设

建立节约型社会产业筛选机制

产业的选择和布局是节约型社会建设的重要支撑。只有对产业进行高起点的规划和选择，才能形成高水准的节约型产业。为此要建设江苏节约型产业筛选的组织体系和评价体系。

组织体系：一是要加强对江苏节约型产业的理论研究。目前对节约型产业的理论研究还有待于进一步深入，特别是在产业发展上，要结合国内外的产业发展方向和江苏经济发展的现状，进行具体量化的研究，为产业发展提供理论指导。二是要建立区域产业发展协调领导机构。省委、省政府要加强对全省产业发展的领导和引导，建立城市圈的产业发展协调领导机构，由省发改委、经济与信息化委员会为主导，各地级市相关部门参加，从更高的层面加强节约型产业规划和研究，科学指导省内各个城市的产业发展，由局部的产业发展向全省产业的协调发展转变。三是成立专家咨询委员会。要集中全省智力资源，特别是经济学、管理学、社会学方面的专家，对江苏产业发展进行深入细致的研究，并根据国内外的发展形势为节约型产业的发展提出政策建议，使节约型产业的发展方向和行动保持一致。

评价体系：节约型产业发展的评估体系需要采用科学的评价方法和手段。既要考虑直接消耗资源的状况，也要分析间接消耗资源的状况；要加强管理，注重战略实施的阶段效果评价；要突出重点，加强对节约型产业发展战略重点实施效果评价。从节约型产业产值占总产值的比重、节约型产业的关联效应、节约型产业的增速、节约型产业的资源消耗与环境影响评价、科研技术开发经费到位率、科技成果转化率、技术专利申请数量、科技进步贡献率等方面予以重点考查。同时应注意以下几方面的问题：① 避免评价时机不当。对节约型产业的评价和筛选活动应当持续地进行，而不只是在特定时期的期末或在发生问题时才进行。当环境变得愈来愈复杂、市场变化越来越快时，评价活动的频率也要相应提高。② 避免评价指标短期化。在对节约型产业进行评价时，有可能出现注重短期生产总值和带动就业的情况，出现只要做"大"而不是要做强做好。产业发展的周期比较长，有些产业发展战略需要经过几年甚至更长时间才能实施完毕，其实施效果可能在数年后方能显现。因此，在确定节约型产业评价指标时，要侧重于长期目标，兼顾其他指标。③ 避免指标数据不真实、不规范。不科学或者不全面的指标会影响对节约型产业发展状况的综合判断。

落实节约型产业的人才供给

经济社会发展中一切竞争的关键在于人才的竞争,节约型产业的发展和壮大也不例外。因为人才是科技创新的主要承担者和完成者,离开人才谈节约型产业发展,只能是一句空话。

教学研究型大学是高等教育的中坚力量,肩负着为社会发展提供人才和智力支撑的重任。近些年来,由于信息时代的到来、知识经济的兴起,我们需要越来越多的创新人才,并需要对江苏的教学研究型大学传统的学术组织形式、管理模式进行审视,开辟新形势下学术组织再造与创新能力提升的新途径。如构建创新团队等以培养更多的创新性人才。同时,加强企业对人才的各类培训,特别是有关提高资源效率、促进节约型产业发展方面的科技创新的培训,提高企业员工在资源效率方面的科技创新素质,培养企业员工掌握新技术、新设备、新工艺的能力,强化企业资源效率方面的科技创新效果。此外,企业还可以和高校及科研机构联合对人才进行培训。人才的流动可以产生节约型产业科技创新的溢出效益。因此,有必要建立一套合法、合理的人才流动机制。随着高新技术园区、科技产业集群的迅速发展,更需要为人才的流动构建便利的共享平台,以促进创新人才在区域内的高效流动,进而带动节约型产业的科技创新整体水平的提高。

积极引进人才,保持技术人员队伍的相对稳定并使其充满活力,也是发展节约型产业的一个内在要求。对于企业而言,为充分发挥技术骨干的作用,必须采取相应措施,确保他们留在企业并努力工作。在引进技术人才方面,一是及时制定和切实落实相关政策,努力吸引那些拥有对本企业发展有益的专利技术人员以资本金或专利技术参股,为企业今后发展积蓄力量。二是鼓励外聘技术人员以现金或每年的劳务费入股,不断壮大企业的技术骨干队伍,增强企业技术实力。为了留住人才和吸引人才,还可以采取对做出重大贡献的人一次性予以重奖,或采取奖励其股份的方法;对于开发出高效益的新产品的创新人才,可以拿出新产品利润按恰当的比例付酬。要切实落实相关政策,加大吸引海外人才回流的力度,如完善留学生创业园的重要功能,鼓励海外创新人才回国创业。

构建节约型产业发展互动体系

节约型产业的发展与江苏全省经济的整体发展密不可分,通过节约型社会的建设实现节约型产业的良性互动。产业共生将不同的产业耦合在一起共同生产来提高资源利用效率。某一个行业生产过程的产品或废弃物,可能正好是另一个行业生产过程所需的原料。在空间上将具有耦合效应的产业配置在一起,可大幅度地提高生产效率,减少废弃物的生成以及不必要的资源消耗。探索基于现代网络技术的信息流动与扩散机制,在全省范围内实现要素资源的共享和整合。促进产业间的开放与融合,加速产业的总体布局。扩大对外开放,加强城际合作,鼓励科研力量及人才参与城市圈的建设、合作与交流。制定优惠的政策措施,鼓励和引导现有的企业、科研机构、高等院校及社会科技资源之间进行整合优化,形成科研、教育、产业与金融机构紧密结合的运作局面。坚持优势互补和利益共享的原则,促进不同产业之间的协作和人员的合理流动,鼓励各个产业之间建立形式多样,机制灵活的双边、多边技术协作机制。

10.4.2　通过提高科技水平促进节约型社会建设

突破节约型社会核心技术

提高资源效率的每个环节都离不开先进的处理和转化技术,也离不开先进的载体——设施、设备的开发和更新。可见,科学技术是建立节约型社会的决定性因素。以下相关科技理论和项目应该成为节约型社会建设中加快研究、政府加大投入的重要方向:节约能耗和物耗,发展污染轻或无污染的工艺,包括清洁生产工艺;提高材料使用寿命,研发新材料以替代有毒材料和污染材料;开发资源再生技术,特别是废家电、废电池、废电脑及废灯管等特种废物的再生技术;开发各类预测模型,以确定经济效益与循环率、资源再生费用以及产品价格等因素之间的关联度,研究资源、环境因素的新的成本——效益分析方法;研究不同产业和不同企业间生态链的合理性及稳定性。

建立节约型社会技术支撑体系

节约型社会的技术支撑体系由五类构成:替代技术、减量技术、再利用技术、资源化技术、系统化技术。替代技术是指通过开发和使用新资源、新材料、新产品、新工艺,替代原来所用资源、材料、产品和工艺,以提高资源利用效率,减轻生产和消费过程对环境的压力的技术。减量技术是指用较少的物质和能源消耗来达到既定的生产目的,在源头节约资源和减少污染的技术。再利用技术是指延长原料或产品的使用周期,通过多次反复使用,来减少资源消耗的技术。资源化技术是指将生产或消费过程产生的废弃物再次变成有用的资源或产品的技术。系统化技术是指从系统工程的角度考虑,通过构建合理的产品组合、产业组合、技术组合,实现物质、能量、资金、技术优化使用的技术。

大力开展节约型社会技术创新

企业是资源效率科技创新的真正主体。要大幅度提高企业资源效率方面的科技创新能力,就必须进一步强化企业资源效率方面的科技创新动力。这种动力是存在于企业科技创新系统内部和外部、对科技创新活动产生驱动力的各要素之和。企业通过资源效率方面的科技创新可能获得的经济利益和相对竞争优势是企业科技创新的内在动力。同时,外部动力也起着重要的作用。外部动力主要来自市场和政府给予的动力。市场通过价格体系发挥着提供信息、经济激励和决定收入分配等功能,有利于促进企业资源效率方面的科技创新;同时,市场过程也是一个对资源效率方面的科技创新进行组织的过程。市场对资源效率方面的科技创新的正向刺激促使企业产生获取超额利益的预期;由市场产生的正向拉力与逆向压力同企业谋求生存与发展的内在要求相结合,是形成企业资源效率方面的科技创新行为的基本动力。但是市场本身并不能保证造就一个最有利于创新的市场结构,也不能自我创造有利于创新的外部环境,因此,需要通过政府来进行调控。

此外,在江苏建设节约型社会进程中,可以充分利用高校资源丰富的禀赋优势。利用高等院校和科研院所的技术优势,将资源节约技术纳入科技攻关计划。鼓励和引导高等院校开展节约型技术的研究,依托高校建立工业生态学重点实验室和生态工业工程重点实验室。建立产学研基地,与高校、科研单位广泛开展产学研联合攻关,推动生态工业技术的产业化。建立各级研发中心,发挥技术开发的核心骨干作用。建立节约型社会方面的专家咨询库,对节约型产业的核心技术进行咨询论证和技术指导。加强国际合作,追踪先进理论和科技。加强与国际组织在节约型社会领域的交流与合作,引进国外先进技术、设备和资金。

10.4.3 通过加强制度管理和体制创新促进节约型社会建设

充分运用市场机制的力量

建设节约型社会必须充分发挥市场的作用,以政策为引导、企业为主体、项目为载体,整合各方资源扎实推进。资源节约和环境保护的大道理企业都懂,但如果缺乏必要的政策支撑,企业无利可图,对发展节约型产业就会缺乏积极性。一是企业实施循环生产需要新增设备和技术投入,承担再生资源商品化的市场风险,还要承受回收废弃物的附加成本。如果产品不提价,企业就必须消化这部分增加的生产成本,企业利润就会下降甚至可能亏损;如果提价,产品在市场竞争中就会失去价格优势,又会影响销售额。二是再利用和再生技术发展滞后,多数企业缺乏技术支撑和研发能力。三是目前浪费资源的违法成本低,企业发展资源节约、环境友好经济缺乏比较效益。如果没有利益驱动,就很难调动市场主体的积极性。因此,必须通过制度创新构建新的赢利模式,建立相关的政策激励机制,使得循环利用资源和保护环境有利可图,使企业和个人对节约型社会贡献越多,得到利益也越多。

建立能够体现资源稀缺程度的价格形成机制。加快资源性产品价格的市场化改革进程,逐步对重要资源价格进行政策性调整,推进对资源超计划、超定额加价收费方式,建立反映资源稀缺程度的价格形成机制。

建立与市场供应相联系的价格传导和联动机制。对实行政府定价的电、油、气等能源,价格主管部门要按照鼓励低能耗、约束高能耗的原则,对重点用能行业和企业实行差别能源价格。

建立科学的水价形成机制。因地制宜实行分地区和分行业的阶梯式水价、两部制水价、季节性水价和分时水价机制,在此基础上逐步建立区域水市场。

运用价格机制调控土地,提高土地利用效率。大力培育和规范土地市场,探索多种有偿使用方式,扩大土地使用权招标、拍卖范围,逐步减少协议出让的供地方式。

完善节约型社会的金融、财政税收政策

节约型产业的发展需要强有力的金融、财税体制支持。加大节约型产业的资金投入，增强节约型产业发展动力，需要由政府牵头，社会参与共同建立布局合理、功能齐全、分工明确、运营规范的节约型产业投融资体系。健全节约型产业的投融资体系，要积极扩大并深化与金融机构的合作，引导金融机构、风险投资机构为节约型产业中的企业提供优良的金融服务，扩大对节约型产业的贷款规模。设立政府节约型产业发展专项资金，并确保资金来源和稳定增长。建立以政府投入为导向、金融机构和企业投入为主体、各类风险投资机构和担保机构为支撑的节约型产业发展投融资体系。改革现有科技三项经费和事业费的投向和投入结构，建立中小企业贷款担保制度，着力解决中小企业发展资金难的问题。

在财税政策上，要把有限的财政资金投入到对节约型社会建设有重要影响的领域，重点是交通、能源、环境等基础领域，为节约型产业发展提供良好的外部条件。发挥财政资金的杠杆作用，通过财政补贴、周转金支持和财政担保等手段，支持重点产业、重点企业和重点产品的发展。对于具有世界领先水平或国内领先水平的产业创新团队，政府给予资助，对引进的优秀人才和创新团队从资金、住房等政策上进行扶持。鼓励企业的产业创新，除了落实研发费用的抵扣税制度以外，采取政府奖励产业创新团队来激发企业在产业发展中的自主创新能力。在税收体制上，采取鼓励传统产业升级的政策，通过税收的减、免、退等措施，提高传统产业的升级改造进程，加大对节约型产业的扶持力度，对于高耗能、高污染和高排放的企业征收环境税，限制其经济行为或迫使其提升工艺与技术，减少排放。通过税收促使原材料的用量减少，促进资源的循环利用，针对使用再生资源处理类设备的企业，给予税收优惠或者退税。

实行建设节约型社会目标分解的问责机制

只有政府发挥主导作用，对公共资源进行合理配置，有效运用经济、法律和行政力量，才能确保实现节约型社会建设目标。要把节能减排指标完成情况纳入区域经济社会发展综合评价体系，作为政府领导干部综合考核和企业负责人业绩考核的重要内容。建立健全节能减排工作责任制，实行严格的问责制，市、区等各级政府应该对本辖区内的节能减排工作负总责，政府主要领导应该作为第一责任人负总责。进一步健全干部考核机制，将能源、资源节约责任和实际效果纳入各级政府目标责任制和干部考核体系中，并把其作为各级领导干部政绩考核的重要内容之一。

要根据江苏资源环境的特点，采用万元 GDP 耗水、耗能、耗地等指标来考核宏观效益情况；用空气质量指数、城市河流水质达标率、绿化覆盖率等指标考核环境保护情况；用工业固体废物综合利用率、工业固体废物堆存和处理量、主要再生资源回收利用量、一次性用品使用比率等指标考核循环经济重点环节的成效等。

同时,建立奖惩制度,对节约工作成绩突出的单位和个人予以表彰奖励,没有完成节能降耗任务的地方、单位和企业不得参加年度评奖、授予荣誉称号等。

10.4.4　通过营造节约文化氛围和引导全民公众参与促进节约型社会建设

政府带头建设节约型社会

强化成本意识,树立政府管理的效益观念。亚里士多德说过:"从来就没有人对公共物品关心过,所谓有些关心往往是涉及自身的利益才会出现。"公共物品的属性以及长期不讲成本观念使得行政成本居高不下。另外,要有统一的政府机构能源消耗标准,建立有效的能源统计报告制度,建立节能考核奖惩制度,强化政府节能工作基础。同时,建立相应的机构、专门的人员负责政府机关的节约型社会建设工作,制定相应的规划和政策,减少和避免节能监督工作的盲区。政府部门公务员要强化节约意识,认真对待节能问题,树立"浪费就是腐败"的节约观。更为重要的是,要从制度上减少政府机构的节能盲区。首先,必须尽快建立一整套严格、细致的"绿色采购"制度;其次,要把定额管理等技术手段应用于政府行为中,把政府机构节能责任纳入各工作岗位职责和日常管理的考核之中。

规范决策行为,降低政府决策成本。从广义的角度看,政府成本还包括政府决策所付出的成本。这部分成本的高低,取决于政府决策是否正确,如果政府决策失误,必然会导致不必要的政府成本支出。当前,一些地方政府决策过于仓促,造成许多豆腐渣工程,劳民伤财。政府审批及决策当中存在的问题导致社会资源的浪费,也导致执行成本不必要地上升。解决这一问题的对策是:一是促进政府决策法制化,建立一套民主的、科学的政府决策制度和程序,使政府决策有法可依,有章可循。要建立公众参与、专家咨询与政府领导相结合的科学决策机制,坚持实行重大问题和重大事项集体讨论、民主决策制度,强化政府决策可行性的专业论证,推进政府决策的民主化。二是强化监督,实现对政府决策权力和决策过程的有效制约。这种监督和制约,不仅要在制度规范上确立下来,而且要在政府权力分配和组织体系中确立下来。三是建立政府决策责任制度,使每一个政府决策者都要对自己的决策承担责任,用法律责任来进行约束,不断培植、提高和优化政府决策者的责任感,使政府决策失误减至最低限度。

规范职务消费,降低职务消费。对政府职务消费进行规范,重新界定政府职务消费范围,核定各项消费标准,严格按照标准执行。围绕总额控制、限额包干、节约归己、超支自费的总体思路,建立政府职务消费的合理机制,稳步推进职务消费市场化、货币化改革,将模糊的职务消费标准具体化、公开化,明确职务消费开支范围、控制额度和审批程序,有效规范职务消费行为。应重点加强公车配备使用、公务接待消费和公费学习考察的监督管理,进一步明确公车配备和公务接待的范围、标准,规范公费学习考察活动,把车辆费等各种职务消费纳入预算细化管理,变过去随意消费、随意开支为支用分离、多层监控;变过去事前消费事后审批为成本核算、包干到人；变过去实物消费、隐性消费为货币消费、公开消费。对政府领导干部的职务消费要加强审计和监督，并逐步实现审计监督结果的公开化、透明化。

强化资源节约传统的培养

节约意识一方面受利益的影响，另一方面受道德的影响。价格高或代价大，则节约意识高，因而提高资源价格或增加资源消耗成本，有利于提高节约意识。道德层面的节约意识也具有十分重要的意义，它会深刻影响人的潜意识，使人在不知不觉中采取节约行为，而且它具有传导性和示范性，会潜移默化地形成一种社会意识。对江苏的调研也发现，江苏公众的节约意识相对淡薄。由于节约意识的培养非短期之功，因此培育和提高节约意识的任务尚十分艰巨。

健全常规性宣传与引导机制。各级宣传部门、新闻媒体要正确发挥舆论引导和监督作用，努力营造浓厚的资源节约和循环利用的社会氛围。要大力宣传建设节约型社会的重大意义，广泛地进行资源环境"省情"教育；宣传党和国家关于资源节约的方针政策、法律法规和标准标识；宣传普及循环经济的基本知识、发展趋势和发展途径；宣传节约资源的好人好事，曝光严重浪费资源的案例等。

建立经常性的培训教育制度。要通过举办技术推广会、经验交流会、成果展示会加快建设节约型社会的知识和技术的普及交流。教育部门要将建设节约型社会的内容纳入中小学教育、高等教育、职业教育和技术培训体系。

持续开展"资源节约行"的公益活动。要动员和组织企业、学校、社区等单位和工、青、妇等社会团体，开展以节能降耗为主要内容的全民节约共同行动。通过大张旗鼓、深入持久地开展资源节约活动，扎实推进全省节约型社会建设。

鼓励资源的绿色终端消费

消费者的需求是最终需求，这种需求对企业生产具有积极的导向作用。消费者资源环境意识的提高，绿色需求的扩大，使企业在市场竞争作用下必然要调整投资方向和数量，研究开发绿色产品，开发并使用节能和环保技术。消费者对绿色产品的投票权将间接促进市场资源配置的流向，从而有利于节约型社会的构建。

通过广泛的宣传教育活动，提高公众的绿色消费意识，各级政府要优先采购经过生态设计或通过环境标志认证的产品，优先使用经过清洁生产审计或通过环境管理体系认证的企业的产品。鼓励节约使用和重复利用办公用品，逐步制订鼓励绿色消费的办法和措施。鼓励购买环保、节能产品如节能灯、节水型洗衣机、无磷洗衣粉等，掌握节水、节电、节约纸张等科学方法，减少或避免使用一次性产品。树立适度消费理念，购买包装简单便利的商品，自觉抵制企业对商品过度包装的现象。

要大力发展绿色消费市场和资源回收产业。只有推广绿色消费和资源回收，在整个社会的范围内才可形成"自然资源—产品和用品—再生资源"的循环经济环路。20世纪90年代初以来，欧盟、加拿大、日本、澳大利亚以及中国都开始实施绿色标签制度,发起了消费领域的循环经济运动。至于回收利用产业,发达国家已把它们看作 21 世纪的支柱产业之一来进行发展。回收利用产业将在新经济活动中承担起如同今天的采掘业一样的重任。

构建节约型企业

制定目标明确的资源节约规划。按照建设节约型社会的要求,企业要制定创建节约型企业的目标规划,明确节能、节水、节地、节约原材料以及资源综合利用的具体目标,各项指标要达到同行业的先进水平。完善措施,推选清洁生产,发展循环经济,促使规划目标的实现。

开展资源节约与结构调整相结合的技术改造。抓住资源节约的薄弱环节,依靠科技进步,推进系统优化,把节能降耗和加快结构调整结合起来,有效促进节约型企业建设。要构建以替代技术、再利用技术、废弃物无害化处理技术、资源化技术和系统化技术为重点的循环经济技术支撑体系,大力开发降低能耗和物耗的新工艺,推广节能、节水、节材新技术等。

强化节能降耗的管理基础工作。创建资源节约型企业,管理工作是起点和基石,务必夯实各项基础工作,包括信息、标准化、定额、计量、规章制度、职工培训教育等。要建立资源节约目标责任制和评价考核体系,将企业资源节约目标逐级分解落实到车间、班组直至职工个人,尤其是重点耗能的部门、岗位要建立严格的节约管理制度,加强监督检查,强化资源节约目标责任和考核。制定节约奖励办法,把节约作为对企业管理者和职工业绩考核、评比先进的重要内容,进一步调动广大职工节约降耗的积极性。

参 考 文 献

［1］Bing J. , Sun Z. , Liu M. China's Energy Development Strategy Under The Low-carbon Economy［J］. Energy, 2010(35)：4257 - 4264.

［2］Bolton R. , Foxon T. J. Governing infrastructure networks for a low carbon economy：co-evolution of technologies and institutions in UK electricity distribution networks ［J］. Competition and Regulation in Network Industries, 2011, 12 (1)：2 - 26.

［3］Boulding K. E. The economy of the coming spaceship earthd［J］. Environmental Quatity in A Grouting, 1966, 58(04)：947 - 957.

［4］Carrion-Flores C. E. , Innes R. Environmental Innovation and Environmental Performance［J］. Journal of Environmental Economics and Management, 2010(59)：27 - 42.

［5］Chung Y. H. , Fare R. , Grosskopf S. Productivity and Undesirable Outputs：A Directional Distance Function Approach ［J］. Journal of Environmental Management, 1997 (51)：229 -240.

［6］Díaz-Blateiro L. , Casimiro A. , Martinez M. , González-Pachón J. An analysis of productive efficiency and innovation activity using DEA：an application to Spain's wood-based industry［J］. Forest Policy and Economics, 2006(8)：762 - 773.

［7］Duarte Rosa, Sánchez-Chóliz Julio, Bielsa Jorge. Water Use in the Spanish Economy：an Input-output Approach ［J］. Ecological Economics,2002(43)：71 - 86.

［8］George D. A. R, Lin B. C. , Chen Y. A circular economy model of economic growth ［J］. Environmental Modelling & Software, 2015(73)：60 - 63.

［9］Hassan R. M. Economy-wide benefits from water-intensive industries in South Africa：Quasi-input-output analysis of the contribution of irrigation agriculture and cultivated plantstions in the crocodile river catchment［J］. Development Southern Africa,2003,20(2)：171 - 195.

［10］Horbach J. Determinants of Environmental Innovations——New Evidence from German Panel Data Sources［J］. Research Policy, 2008, 37(1)：163 - 173.

［11］Johnstone N. Environmental Policy and Corporate Behaviour［R］. Report for The OECD Conference on Public Environmental Policy andThe Private Firm, 2005.

［12］Levinson A. Technology, International Trade, and Pollution from US Manufacturing ［J］. American Economic Review,2009,99 (5)：2177 - 2192.

［13］Lu Xuedu, Jiahua Pan and Ying Chen. Sustaining Economic Growth in China under Energy and Climate Security Constraints［J］. China and World Economy, 2006, 14 (6)：85 -97.

［14］Madhu Sachidananada, Shahin Rahimifard. Reduction of Water Consumption within

Manufacturing Applications[J]. Leveraging Technology for a Sustainable World, 2012(16): 455 -460.

[15] May Wu, Marianne Mintz, Michael Wang. Water Consumption in the Production of Ethanol and Petroleum Gasoline[J]. Environmental Management, 2009, 44(5): 981 - 997.

[16] Michael Ashby. What is a"Sustainable Development"? [M]. Butterworth-Heinemann, 2016: 30 - 32.

[17] Mitcham C. The concept of sustainable development: its origins and ambivalence[J]. Technology in Society, 1995, 17(03): 311 - 326.

[18] Pearce D. W., Turner R. K. Economics of natural resources and the environment [J]. The Johns Hopkins University Press, 1990.

[19] Porter M. E., Linde C. Toward a New Conception of the Environment-Competitive-ness Relationship[J]. Journal of Economic Perspectives, 1995, 9 (4): 97 - 118.

[20] Preparatory Committee for the United Nations Conference on Sustainable Develop-ment. Objective and themes of the United Nations conference on sustainable development report of the secretary-general[R]. New York, 2010.

[21] Rennings K. Towards A Theory and Policy of Eco-innovation: Neoclassical and (Co-) evolutionary Perspectives[R]. ZEW Discussion Paper, Center for European Economic Research (ZEW), Mannheim, 1998: 98 - 124.

[22] Sauvé S., Bernard S., Sloan P. Environmental sciences, sustainable development and circular economy: Alternative concepts for trans-disciplinary research[J]. Environmental Devel-opment, 2016(17): 48 - 56.

[23] Schlör H., Fischer W., Hake J. The meaning of energy systems for the genesis of the concept of sustainable development[J]. Applied Energy, 2012(97): 192 - 200.

[24] Su B., Heshmati A., Geng Y. A review of the circular economy in China: moving from rhetoric to implementation[J]. Journal of Cleaner Production, 2013(42): 215 - 227.

[25] Wang Miao, Wong Sunny. International R&D Transfer and Technical Efficiency: Ev-idence from Panel Study Using Stochastic Frontier [J]. World Development, 2012, 40 (10): 1982 - 1998.

[26] Winkler H. Closed-loop production systems - A sustainable supply chain approach[J]. CIRP Journal of Manufacturing Science and Technology, 2011, 4(03): 243 - 246.

[27] Zhang. China in The Transition to A Low-carbon Economy [J]. Energy Policy, 2010 (38): 6638 - 6653.

[28] 白俊红,蒋伏心.考虑环境因素的区域创新效率研究——基于三阶段 DEA 方法[J]. 财贸经济, 2011(10): 104 - 112.

[29] 陈德敏. 节约型社会基本内涵的初步研究[J]. 中国人口·资源与环境, 2005(2): 5 - 9.

[30] 陈东景.中国工业水资源消耗强度变化的结构份额和效率份额研究[J]. 中国人口·资源与环境, 2008, 18(3): 211 - 214.

[31] 陈丽珍,杨魁. 能耗、碳排放与江苏工业发展方式转型[J]. 江苏大学学报(社会科学版),2013(2)：59-62.

[32] 陈诗一,吴若沉. 经济转型中的结构调整、能源强度降低与二氧化碳减排：全国及上海比较分析[J]. 上海经济研究,2011(4)：10-23.

[33] 陈湘舸,解仁美. 对资源节约型社会的深层解读[J]. 理论探索,2006(1)：76-79.

[34] 汪宏韬. 基于 LMDI 的上海市能耗碳排放实证分析[J]. 中国人口·资源与环境,2010(5)：143-146.

[35] 陈诗一. 能源消耗、二氧化碳排放与中国工业的可持续发展[J]. 经济研究,2009(4)：41-55.

[36] 陈诗一. 中国各地区低碳经济转型进程评估[J]. 经济研究,2012(8)：32-44.

[37] 陈雯,王湘萍. 我国工业行业的技术进步、结构变迁与水资源消耗——基于 LMDI 方法的实证分析[J]. 湖南大学学报(社会科学版),2011,25(2)：68-72.

[38] 单宝. 欧洲、美国、日本推进低碳经济的新动向及其启示[J]. 国际经贸探索,2011(1)：12-17.

[39] 范翠英. 天津市水资源可持续利用研究[D]. 天津：天津理工大学管理学院,2013.

[40] 冯之浚,牛文元. 低碳经济与科学发展[J]. 中国软科学,2009(8)：13-19.

[41] 冯志军. 中国工业企业绿色创新效率研究[J]. 中国科技论坛,2013(2)：82-88.

[42] 冯宗宪,王青,侯晓辉. 政府投入、市场化程度与中国工业企业的技术创新效率[J]. 数量经济技术经济研究,2011(4)：3-17.

[43] 付瑶,田克勤. 当代中国节约型社会建设研究述评[J]. 思想理论教育,2015(4)：108-111.

[44] 郭凯锋,张艳霞. 论完善保障节约型社会建设的经济法律制度[J]. 社会科学论坛,2006(5)：41-44.

[45] 韩亚芬,孙根年,李琦. 中国经济发展和能耗的统计关系与节能潜力分析[J]. 开发研究,2007(3)：82-85.

[46] 侯培强,任珺,赵乃妮. 上海市用水量与经济发展的关系研究[J]. 环境科学与管理,2008,33(2)：58-60.

[47] 蒋惠琴. 资源节约型社会建设研究——以浙江省为例[D]. 浙江工业大学,2007.

[48] 姜磊,吴玉鸣. 中国省域能源边际效率评价——来自面板数据的能耗结构考察[J]. 资源科学,2010(11)：2179-2185.

[49] 金丹元. 中国艺术思维形成之文化背景[J]. 上海大学学报(社科版),1999(6)：50-57.

[50] 李蜀湘,陆小成. 国家低碳创新系统的构建：应对气候变化的道路选择[J]. 中国科技论坛,2011(12)：15-20.

[51] 李向东,李南,白俊红,谢忠秋. 高技术产业研发创新效率分析[J]. 中国软科学,2011(2)：52-61.

[52] 梁小民. 节约型社会并不抑制消费[J]. 今日浙江,2005(17)：36.

[53] 林伯强,孙传旺. 如何在保障中国经济增长前提下完成碳减排目标[J]. 中国社会科

学,2011(1):64-76.

[54] 刘翀,柏明国.安徽省工业行业用水消耗变化分析——基于 LMDI 分解法[J].资源科学,2012,34(12):2299-2305.

[55] 刘佳骏,董锁成,李宇.产业结构对区域能源效率贡献的空间分析[J].自然资源学报,2011(12):1999-2011.

[56] 刘金华.水资源与社会经济协调发展分析模型拓展及应用研究[D].北京:中国水利水电科学研究院,2013.

[57] 刘品,王维平,马承新.山东省宏观经济水资源投入产出分析[J].灌溉排水学报,2011,30(1):117-120.

[58] 刘晓洁,沈镭.资源节约型社会综合评价指标体系研究[J].自然资源学报,2006(3):382-391.

[59] 刘耀彬,陈斐.中国城市化进程中的资源消耗"尾效"分析[J].中国工业经济,2007(11):48-55.

[60] 刘志雄,梁冬梅.中国低碳经济发展的能耗分析及比较[J].生态经济,2011(1):49-54.

[61] 龙敏.发扬勤俭节约传统美德共同构建节约型社会[J].贵州工业大学学报(社会科学版),2005,7(5):104-106.

[62] 栾贵勤,杨青,周雯瑜.中国能耗与经济发展关联性的国际对比分析[J].开发研究,2013(1):74-78.

[63] 马凯.节约型社会的四大全局性转变[J].中国经济周刊,2005(32):11.

[64] 牛文元.可持续发展理论的内涵认知[J].中国人口·资源与环境,2012(5):9-14.

[65] 牛泽东,张倩肖.中国装备制造业的技术创新效率[J].数量经济技术经济研究,2012(11):15-67.

[66] 宋言奇.发达地区农民环境意识调查分析——以苏州市 714 个样本为例[J].中国农村经济,2010(1):53-62.

[67] 宋言奇.江苏省环保事业公众参与的状况与思考[J].苏州大学学报(哲学社会科学版),2010(5):47-50.

[68] 孙才志,谢巍.中国产业用水变化驱动效应测度及空间分异[J].经济地理,2011,31(4):666-672.

[69] 孙文杰,沈坤荣.人力资本积累与中国制造业技术创新效率的差异性[J].中国工业经济,2009(3):81-91.

[70] 汤冠华,刘永.基于生态足迹模型的浙江省水资源生态承载力评价研究[J].浙江水利科技,2013(1):45-47.

[71] 田贵良.产业用水分析的水资源投入产出模型研究[J].经济问题,2009(7):18-22.

[72] 王兵,吴延瑞,颜鹏飞.中国区域环境效率与环境全要素生产率增长[J].经济研究,2010(5):95-109.

[73] 王迪,聂锐,张炎治,龙如银.能耗、技术进步对江苏经济增长的影响研究——基于完全分解模型[J].科学学研究,2010(10):1490-1494.

[74] 王凤,雷小毓. 节约型社会的内涵及其构建[J]. 经济学家,2006(5)：46-50.

[75] 王国印,王动. 波特假说、环境规制与企业技术创新——对中东部地区的比较分析[J]. 中国软科学,2011(1)：100-112.

[76] 王红领,李稻葵,冯俊新. FDI与自主研发：基于行业数据的经验研究[J]. 经济研究,2006(2)：44-56.

[77] 王建军. 建设资源节约型与环境友好型企业的理论和实践[J]. 首都经济贸易大学学报,2007(2)：60-63.

[78] 王建明. 城市居民节约型消费行为的实证研究及其对公共政策创新的启示[J]. 经济学家,2007(1)：38-44.

[79] 王康. 基于IPAT等式的甘肃省用水影响因素分析[J]. 中国人口·资源与环境,2011,21(6)：148-152.

[80] 王亚飞. 试论资源节约型社会的构建[J]. 思想理论教育导刊,2006(6)：71-74.

[81] 王旒. 论环境友好型社会构建中的公众参与——基于1998-2008年相关数据的比较分析[D]. 湖南：中南大学,2009.

[82] 王群伟,周鹏,周德群. 中国二氧化碳排放绩效的动态变化、区域差异及影响因素[J]. 中国工业经济,2010(1)：45-54.

[83] 王圣,王慧敏. 基于Divisia分解法的江苏沿海地区碳排放影响因素研究[J]. 长江流域资源与环境,2011(10)：1243-1247.

[84] 王双英,陆文聪. 江西虚拟水消费与贸易研究——基于投入产出分析[J]. 长江流域资源与环境,2011,20(8)：933-937.

[85] 王玉潜. 能耗强度变动的因素分析方法及其应用[J]. 数量经济技术经济研究,2003(8)：151-154.

[86] 吴丹. 中国经济发展与水资源利用脱钩态势评价与展望[J]. 自然资源学报,2014(1)：46-54.

[87] 吴延兵. 国有企业双重效率损失研究[J]. 经济研究,2012(3)：15-27.

[88] 吴延兵. 中国哪种所有制类型企业最具创新性？[J]. 世界经济,2012(6)：3-27.

[89] 吴延兵. 自主研发、技术引进与生产率——基于中国地区工业的实证研究[J]. 经济研究,2008(8)：51-64.

[90] 肖思思,黄贤金,濮励杰. 资源节约型社会发展综合评价指标体系及其应用——以江苏省为例[J]. 经济地理,2008(1)：118-123.

[91] 肖湘雄,傅宅红. 城乡结合部社会管理中公众参与动力机制研究——基于洞庭湖地区城乡结合部的实证分析[J]. 武陵学刊,2013(1)：22-25.

[92] 熊韵波. 节约型社会：物质变换的社会[J]. 未来与发展,2008(10)：55-58.

[93] 徐志军. 可持续发展的实质——建设资源节约型社会[J]. 中国国土资源经济,2005(7)：4-5.

[94] 严婷婷,贾绍凤. 水资源投入产出模型综述[J]. 水利经济,2009,27(1)：8-13.

[95] 严婷婷. 河北省水资源投入产出分析[D]. 北京：首都师范大学资源环境与旅游学院,2009.

[96] 尹敬东,代秀梅.单位 GDP 能源消耗与产业结构特征——来自江苏的证据[J].产业经济研究,2009(5)：67-73.

[97] 叶晓佳,孙敬水,董立锋.低碳经济发展中碳排放驱动因素实证研究——以浙江省为例[J].经济理论与经济管理,2011(4):13-23.

[98] 余东华,王青.国有工业企业自主创新效率变化及影响因素——基于 1998-2007 年省域面板数据的 DEA 分析[J].山西财经大学学报,2010(1)：94-101.

[99] 余泳泽.我国高技术产业技术创新效率及其影响因素研究——基于价值链视角下的两阶段分析[J].经济科学,2009(4)：62-74.

[100] 翟石艳,王铮.基于 ARDL 模型长三角碳排放、能耗和经济增长关系研究[J].长江流域资源与环境,2013(1):94-103.

[101] 张宏伟,夏冰,王媛.基于投入产出法的中国行业水资源消耗分析[J].资源科学,2011,33(7):1218-1224.

[102] 张江雪,朱磊.基于绿色增长的中国各地区工业企业技术创新效率研究[J].数量经济技术经济研究,2012(2)：113-125.

[103] 张伟,吴文元.基于环境绩效的长三角都市圈全要素能源效率研究[J].经济研究,2011(10):95-109.

[104] 张煊,孙跃.产学研合作网络的创新效率研究——来自中国省域产学研合作的数据证明[J].山西财经大学学报,2014(6)：59-66.

[105] 赵奥,武春友.中国水资源消耗配置的灰色关联度与适宜度测算[J].中国人口·资源与环境,2010,20(9):65-69.

[106] 赵晨,王远,谷学明.基于数据包络分析的江苏省水资源利用效率[J].生态学报,2013,33(5):1636-1644.

[107] 赵沁娜,王婷.安徽省各行业水资源消耗及部门综合关联度分析[J].合肥工业大学学报(社会科学版),2013,27(6):8-14.

[108] 赵昕,郭晶.中国低碳经济发展的技术进步因素及其动态效应[J].经济学动态,2011(5)：47-51.

[109] 钟春华.论资源效率革命与公众参与——基于南昌市建设资源节约型社会的视角[J].企业经济,2010(6):151-153.

[110] 中国科学院可持续发展战略研究组.中国可持续发展战略报告——建设资源节约型和环境友好型社会[M].北京：科学出版社,2006.

[111] 朱姗姗.节约型社会内涵的再认识[J].时代主人,2007(5):30-31.

[112] 邹沛思,贺灿飞.长三角地区能耗与区域发展相互关系及其影响因素[J].长江流域资源与环境,2011(7):886-891.